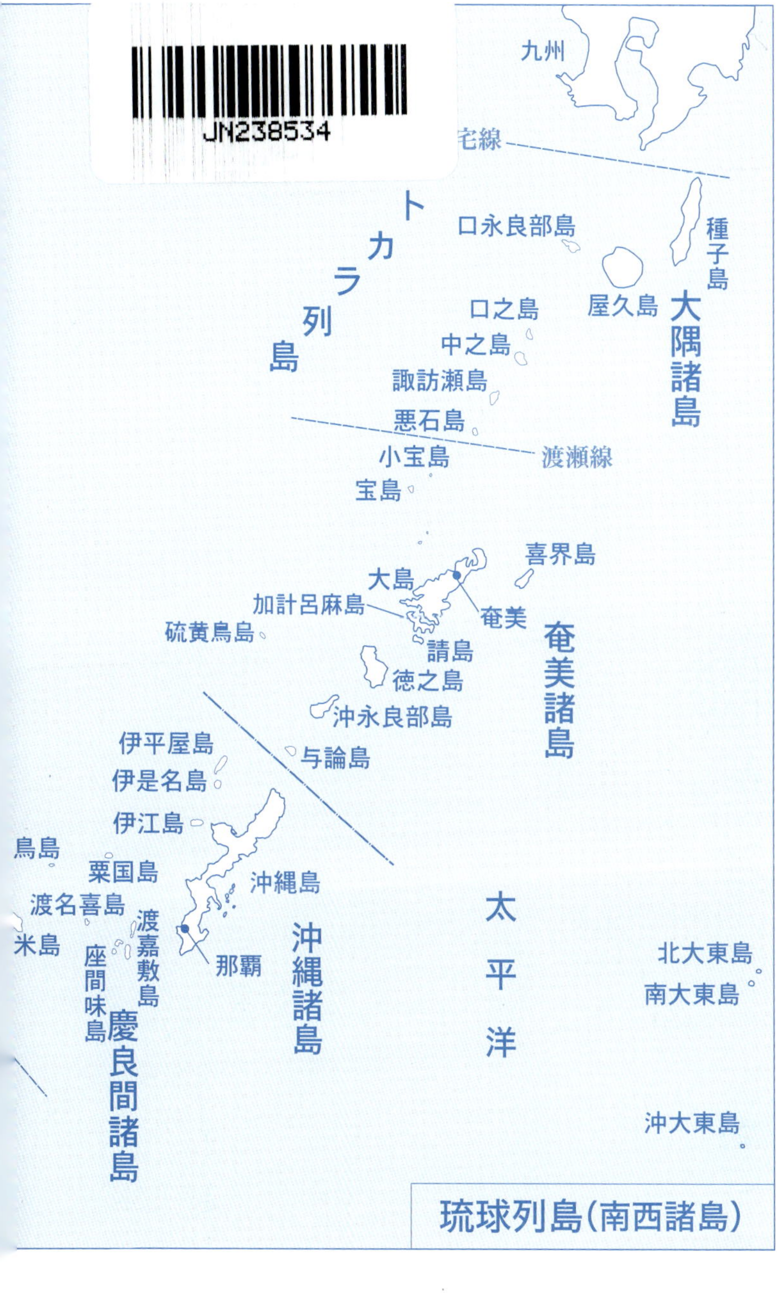

九州
宅線
トカラ列島
口永良部島
種子島
屋久島
大隅諸島
口之島
中之島
諏訪瀬島
悪石島
渡瀬線
小宝島
宝島
喜界島
大島
加計呂麻島
奄美
硫黄鳥島
請島
徳之島
奄美諸島
沖永良部島
与論島
伊平屋島
伊是名島
伊江島
鳥島
粟国島
沖縄島
渡名喜島
米島
渡嘉敷島
座間味島
那覇
慶良間諸島
沖縄諸島
太平洋
北大東島
南大東島
沖大東島

琉球列島(南西諸島)

沖縄——サンゴ礁の島と海

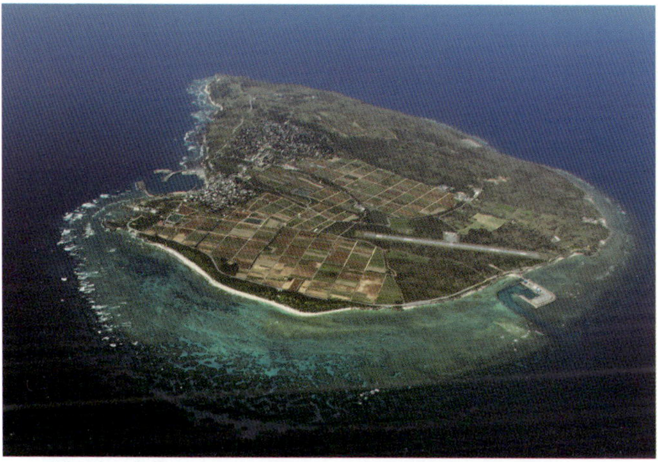

サンゴ礁の海は青緑のエメラルド色で、リーフにぶつかる白い波のふち飾りで囲まれている。その外側には群青色の深い海が広がる。

サンゴは動物だ。海水中の石灰から固い殻（から）をつくり、それが無数に集まってサンゴ礁をつくりだす。サンゴの体内には褐虫藻が共生して光合成を行ない、サンゴに養分を供給する。だから、海中が透明でないと、サンゴは生きられない。生きたサンゴ礁には、色とりどりの魚が群れる。

◇この口絵写真は沖縄観光コンベンションビューロー提供

沖縄だけにすむ生き物たち

西表島にすむイリオモテヤマネコ。「生きた化石」ともいわれる。

人魚のモデルといわれるジュゴン。普天間基地の移設先とされている沖縄本島北部の辺野古沖や大浦湾が生息の北限となる。

キツツキの仲間、ノグチゲラ。沖縄本島の北部（ヤンバル）だけにすむ。

沖縄本島の北部（ヤンバル）にすむ、飛べない鳥、ヤンバルクイナ。

日本最大のカブトムシ、ヤンバルテナガコガネ。

日本最大の蝶、オオゴマダラ。

琉球王国の世界文化遺産

復元された首里城（しゅりじょう、沖縄本島南部）

今帰仁城（なきじんじょう、沖縄本島北部）

勝連城（かつれんじょう、沖縄本島中部）

中城城（なかぐすくじょう、沖縄本島中部）

座喜味城（ざきみじょう、沖縄本島中部）

園比屋御嶽（そのひやうたき、沖縄本島南部）

識名園（しきなえん、沖縄本島南部）

玉陵（たまうどぅん。王家の墓所。首里城の近く）

巨大鍾乳洞・地底の宮殿

まるで舞踏会の会場のように金色に輝く

こちらは深海のような深い青と静寂

（おきなわワールド、「玉泉洞」）

沖縄の伝統芸能

優美・華麗な琉球舞踊

勇壮・活発なエイサー

沖縄の木と花

沖縄県の県花・デイゴの花

ハイビスカス（沖縄ではアカバナーという）

ヒカンザクラ。沖縄のサクラは冬に咲く

沖縄の伝統工芸品

沖縄の代表的染色「紅型（びんがた）」

美しい彩りの琉球ガラス

◘——はじめに

晴れた日、沖縄の海は、ひと目で沖縄とわかります。青よりも緑に近い、エメラルド色をしているからです。

海の色と同じように、風物、文化も、沖縄は本土と異なります。ここは亜熱帯、そして独自の歴史を持つからです。

なにしろ沖縄は、百数十年前までは、「琉球王国」という、日本とは異なる一つの国だったのです。

日本の一県となってからも、本土と異なる体験を強《し》いられてきました。まず一つは、地上戦の戦場となり、県民の実に４人に１人が命を失ったこと、そしてもう一つは、本土より20年も長く米軍の占領下に置かれ、今も在日米軍専用基地の実に74%を背負わされていることです。

この本で、まず第Ⅰ章に「沖縄戦」を置き、第Ⅱ章に「基地」を置いたのは、この二つを抜きにして沖縄を語ることはできないと考えたからです。

もちろん、沖縄に行って、エメラルド色のサンゴの海に触れることなしに帰るなんて考えられません。亜熱帯の動植物を見ないで帰るなんて考えられません。それでは、もったいなさ過ぎます。

ただ言いたいのは、沖縄の歴史と現実を知った上で見る海の色と、知らないで見る海の色とでは、同じエメラルド色でも、きっと違って見えるはずだ、ということです。

修学旅行は、最長の準備期間と最高の費用をかける、学校生活最大のイベントです。そこから最大の収穫を得るために、本書が役立てられることを期待し、願っています。

◘ ——もくじ

I 沖縄戦——沖縄に刻まれた戦争

梅田正己

II 基地の島・沖縄

松元 剛

III 亜熱帯・沖縄の自然

目崎茂和

IV 琉球・沖縄の歴史

梅田正己

V 沖縄の暮らしと文化

梅田正己・目崎茂和

＊写真提供：沖縄観光コンベンションビューロー（OCVB）
沖縄県平和祈念資料館
沖縄県立博物館・美術館
沖縄国際平和研究所
東京大学総合研究博物館
南風原文化センター
琉球新報社
WWF
大城将保／川満昭広／柴田健／謝花直美

装丁：商業デザインセンター・増田 絵里

Ⅰ
沖縄戦
沖縄に刻まれた戦争

この美しい島と海に３カ月にわたり“鉄の暴風”が吹き荒れた。（© OCVB）

❖ーひめゆり学徒が体験したこと

1945（昭和20）年3月23日の夜、沖縄県立第一高等女学校の4年生だった宮城喜久子《みやぎきくこ》さんは、学友64名とともに校長住宅の前庭に整列していた。高等女学校4年は、いまの高1に当たる。前庭には、第一高女と同じ敷地内にある沖縄師範《しはん》学校女子部の157名も整列していた。師範学校というのは当時の小学校教員養成の学校で、この女子師範と一高女をあわせて「ひめゆり学園」と呼んでいた。

「いよいよお国のために役立つ時が来た。女子師範、第一高女の生徒として、恥じない働きをするように……」

校長先生の訓辞が、夜の庭に響きわたった。みんなはこれから、沖縄本島南部の南風原《はえばる》陸軍病院へ看護助手として出発するのだ。緊張して訓辞を聞く生徒たちの顔を、淡い月の光が照らしていた。

火筒《ほづつ》の響き遠ざかる（火筒＝小銃、大砲）
あとには虫も声たてず
ふきたつ風はなまぐさく
くれないそめる草の色

生徒たちは「赤十字看護婦の歌」をうたいながら、夜の道をしゅくしゅくと行進していった。だれもが、陸軍病院で負傷兵の看護をしている健気《けなげ》な自分たちの姿を脳裏《のうり》に描いていたにちがいない。だがやがて、彼女たちはそこで文字どおりの地獄を体験させられることになる。陸軍病院とはいっても、そこは丘の中腹を掘り抜いた地下壕だったのだ。

いわゆる「ひめゆり学徒隊」出発のこの光景は、宮城喜

1941年、日米開戦の年、第一高女1年だった宮城さんは学寮の同室のみんなと首里城へ遊びに行った。この12名のうち8名が戦場に動員され、5名が命を失う。前列中央が宮城さん。

久子著『ひめゆりの少女・十六歳の戦場』（高文研）にある。いまの高校生の年代に当たる「ひめゆりの少女たち」が、どんな体験をさせられたか、この本の核心の部分を引用しながらお伝えしよう。

南風原《はえばる》に着いた学徒隊は、いくつかの部署に分散させられ、それぞれに仕事を与えられる。はじめのうちはまだ負傷兵の数も少なかったが、やがて本島中部の戦闘が激しくなるにつれて、はこばれてくる負傷兵が壕内の土壁《つちかべ》にそって作られた木のベッドを次々に埋めてゆく。

宮城さんの配属された軍医部壕は、規模が小さかったのでまだそれほどでもなかった。しかし――「収容人員何千人ともいう陸軍病院では、……患者一人ひとりへの治療の回数が減り、そのため壊疽《えそ》（腐敗菌《ふはいきん》によって体の組織が局所的に死んで、腐《くさ》っていく病気）患者がふえていき、第一外科壕の手術室では毎晩、手術が行なわれたそうです。昼間は砲弾が飛び交い、炸裂《さくれつ》し、そのたびに壕が揺れ、土がパラパラと落ちてくるので、手術をすることができません。それで、砲弾の数が少なくなる夜中に行なわれたのです」

「この手術室で、師範本科の上級生たちは助手として働きました。……手術を受ける患者の体を必死で押さえている生徒の耳に聞こえてくるのは、肉をはさみで切る音、手術用ののこぎりで骨を断《た》つ音、そして患者の悲痛な叫び声です。驚くべきことに、多いときは一晩に八十名ほども手術をしたといいます。しかも、麻酔剤が足りなくなったため、ほとんどが麻酔なし同然だったというのです」

「こうして切断された腕や脚を、砲弾が炸裂《さくれつ》してできた穴（弾痕《だんこん》と呼んだ）へと運ぶのも生徒たちの仕事でした。砲弾の飛び交う下、人の腕や脚をかかえ、あるいは引きずり、穴へ運んでゆく光景は、とてもこの世のものとは思えません」

やがて５月下旬、中部の激戦は終わり、日本軍の敗北が決定する。しかし日本軍司令部は、さらに全軍に島の南端への撤退《てったい》を命令、ひめゆり学徒隊もまた、本土より１カ月早い梅雨《つゆ》のため、ぬかるみ、あるいは泥の川となった道を、絶え間ない砲爆撃の下、撤退する兵士たちや避難民の群れとともに南へ、南へと落ちてゆく。

だが、やっとたどりついた島の南端も、以前にもまして激しい砲爆撃にさらされる。砲弾によって地上はくまなく掘り返され、いたるところに死体が散乱し、腐臭《ふしゅう》を放つ。宮城さんのグループはやっと第一外科壕と名づけられた自

南風原陸軍病院 24 号壕の入り口。土砂が崩落して中には入れないが、このようなところに横穴を掘り抜いて野戦病院を設置したのだった。(南風原文化センター提供)

然洞窟《どうくつ》に身をひそめるが、その洞窟も砲撃を受け、宮城さんの目の前で何人もの学友がひん死の重傷を受け、冷たい遺体となってゆく。

まもなく「ひめゆり学徒隊」に解散命令がくだる。洞窟を出た宮城さんたちは当てもなく死の戦場をさまよううち、海岸の断崖《だんがい》に追いつめられる。後ろからは敵の戦車がせまり、もはや逃れる道はどこにもない。

「海辺には、弾丸も尽き、意気消沈した兵士たちが、行きつ戻りつしていました。もう最後だと思うとたまらなく悲しくなり、だれからともなく、小学唱歌『ふるさと』を歌っていました。

うさぎ追いしかの山
こぶなつりしかの川

夢は今もめぐりて
忘れがたきふるさと
…………………………

歌声はむなしく海に消えていきました。みんなの声もかすれ、ついにはすすり泣きに変わってしまいました。父、母、妹たちの顔が目に浮かんできます。生まれてはじめて踏んだ、このサンゴ礁の岩の上。ああ、ここで十六年の生涯を終わるのかと思うと、たまらない気持ちになりました。

『もう一度、お母さんの顔が見たい』

板良敷《いたらしき》良子さんが、泣きながら言いました。

『もう一度、弾《たま》の落ちて来ない空の下を、大手を振って歩きたい！』

だれかがくやしそうに叫ぶ声が聞こえました。

３カ月の間、軍隊の中に身を置き、ぐちもこぼさず、ただひたすら御国《みくに》のためとがんばってきた学友たちが、やっと本音をもらしたのは、まもなく命が果てる、この時が初めてでした。今はただ親きょうだいに会いたいという一心で涙を流している絶壁上の学友たちの姿を、月がこうこうと照らしていました」

✣“日米最後・最大の戦闘”——沖縄戦

半世紀以上も前のことではある。しかし現実に、こういうことがあったのだ。女子だけではない。16 歳、17 歳の男子生徒たちもまた、戦場に出た。銃をとり、爆雷をかかえて戦闘に参加した生徒も少なくない。

いったい、なんでこんなことが起こったのか。この戦争は何という戦争で、それはどのようにして引き起こされたのか――。

沖縄を戦場としたこの戦闘は、「沖縄戦」と呼ばれる。日本が、中国・アメリカ・イギリスなどを相手に戦ったアジア太平洋戦争の最後の決戦だった。

それより３年半前の1941年12月８日未明、日本陸軍はイギリスが支配していたマレー半島のコタバル海岸に奇襲《きしゅう》上陸、一方、海軍は、ハワイ真珠《しんじゅ》湾のアメリカ太平洋艦隊基地に奇襲攻撃をかけた。当時、ヨーロッパでは、ナチス・ドイツを中心とする枢軸《すうじく》国と、イギリスを中心とする連合国の間で第二次大戦が戦われていた。ドイツと日本は軍事同盟を結んでいる。日本の対米英開戦の後、ドイツもアメリカに宣戦を布告、こうして第二次大戦は文字どおりの第二次世界大戦となった。

最初の奇襲攻撃に成功した日本軍は、まさに破竹《はちく》の勢いで進軍し、その後６カ月で東南アジアから太平洋の島じまの全域を占領した。遠く伸びたその戦線は、オーストラリアの東方、ソロモン諸島のガダルカナル島にまで達した。

しかし日本とアメリカとでは、もともとその国力（生産力）にケタ違いの差がある。たとえば開戦時の鉄鋼生産量は、アメリカが日本の12倍、石油はアメリカが世界最大の産油国なのに対し、日本は輸入国だった。それに日本は、1931年の満州事変から数えれば10年、1937年の日中全面戦争から数えてもすでに４年以上、中国との間に泥沼化した戦争をつづけていた。

早くも開戦の翌年、1942年６月のミッドウェー海戦を転機に、アメリカ軍の反攻が始まる。ガダルカナル島からニューギニア、さらにマーシャル諸島からトラック諸島、

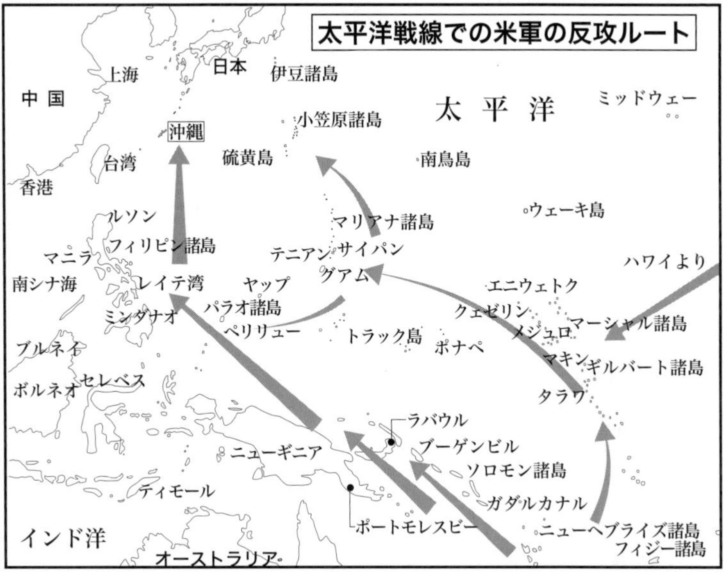

1942年のミッドウェー海戦を転機として、ガダルカナル島の攻防戦を皮切りに、米軍は日本軍の拠点を次々に攻撃、北半球を攻め上ってきた。

サイパン、グアムを含むマリアナ諸島、そしてパラオからフィリピンと、アメリカ軍は太平洋の日本軍基地を次々に攻略、広げた絨毯《じゅうたん》を巻き返すように、日本本土をめざして大軍をすすめてきた。

1945年2月19日、アメリカ軍は硫黄島《いおうじま》への上陸作戦を開始、1カ月の死闘のすえ、これを制圧した。つづいてアメリカ軍は3月下旬、約1500隻もの艦艇《かんてい》を動員して沖縄を包囲、その攻略にかかる。戦闘は3カ月もつづき、6月下旬に終わった。その翌々月、8月15日、日本の降伏をもってアジア太平洋戦争（第二次世界大戦）は終結する。

以上の経過からもわかるように、沖縄戦は日本軍とアメリカ軍の最後の決戦となった。この沖縄戦で失われた人命は、沖縄県援護課の資料では20万656人となっているが、そのうちアメリカ軍の戦死者が1万2520人を占める。この20万という数には息をのむが、米軍戦死者1万2520人という数字も重い意味をもっている。

日米両軍は、太平洋の島じまを戦場に、いくつもの激戦を戦った。中でもとくに激戦として知られる戦闘での米軍の戦死者数を見てみると——ガダルカナル島攻防戦での米軍戦死者は1598人、タラワ島では990人、マーシャル諸島では915人、ペリリュー島では1652人、フィリピンのレイテ島決戦では3504人、そして米軍が反攻に転じてから米軍の死傷者数が日本軍を上まわった唯一のケースといわれる硫黄島でも6867人である。沖縄戦での1万2520人はその2倍、米軍戦死者数だけから見ても、沖縄戦は米英軍との太平洋戦争で最大の戦闘だったのだ。

❖極限の悲劇「集団自決」

1945年3月23日、先に述べた宮城さんたち「ひめゆり学徒隊」が南風原《はえばる》陸軍病院へ出発した日、米軍は沖縄本島へのいっせい砲爆撃を開始した。島を包囲した米軍の艦艇《かんてい》は、空母、軽空母あわせ40隻《せき》、戦艦18隻、巡洋《じゅんよう》艦数十隻、駆逐《くちく》艦150隻を中心に、輸送艦その他を含め、ざっと1500隻、首里《しゅり》の丘から見ると、水平線が真っ黒に見えた。その兵力は地上戦闘部隊だけで18万余、それに海軍戦闘部隊、補給・後方部隊を含めると、総勢54万の大兵力だった。

これに対し、沖縄の日本軍は約11万、うち正規軍は約8万6千人で、あとの2万5千人は沖縄現地で徴集した防衛隊や義勇隊、学徒隊などの補助兵力だった。したがって、勝敗そのものは、戦う前からすでに決まっていたのだ。

沖縄本島への砲撃を開始するとともに、米軍は3月23日から那覇《なは》の西方海上に浮かぶ慶良間《けらま》諸島を攻撃、わずか数日で占領した。そこに構築されていた日本軍の水上特攻艇の基地を破砕《はさい》すると同時に、本島攻撃の足場とするためだった。

その慶良間攻撃のさい、沖縄戦での“極限の悲劇”ともいうべき事態が早くも現出する。肉親どうしが殺し合った「集団自決」だ。その犠牲者はおよそ700名にのぼる。(犠牲者には数多くの赤ちゃんや幼児が含まれていた。そうした子どもの死に対して、自分の意志で死ぬという意味の言葉「自決」を用いるのは不適切だということから、最近は「強制集団死」と呼ぶべきだという意見も強い。しかし本書では、現地で長年言い慣《なら》わされてきた「集団自決」を、歴史用語としてカッコつきで用いる。)

いかに戦争中のこととはいえ、家族どうしが殺し合うという、こんな恐ろしいことが、どうして起こったのだろう。防衛庁（現防衛省）編集の戦史『沖縄方面陸軍作戦』の中には、こう書かれている。

「……小学生、婦女子までも戦闘に協力し、軍と一体となって父祖《ふそ》の地を守ろうとし……戦闘員の煩累《はんるい》を断《た》つため(軍隊の足手まといにならないため）崇高《すうこう》な犠牲的精神により自らの生命を絶《た》つものも生じた」

つまり、まだ幼い子どもまで含めて、「犠牲的精神」から「集団自決」は起こったというのだ。真実は、どうだったのか——。

沖縄戦から50年たった1995年、沖縄キリスト教短期大学教授を長年つとめ、牧師でもある金城重明《きんじょうしげあき》先生は、

渡嘉敷島。慶良間諸島は島全体が山岳状態で森に覆われている。その山の中、人々は指定された集合地点に向かって夜の道を歩いたのだった。(© OCVB)

やっと1冊の本を書き上げ、出版した。書名は『「集団自決」を心に刻んで』(高文研)である。金城先生は渡嘉敷《とかしき》島で、兄と二人して、母と弟妹の命を断《た》ち、みずからも死ぬつもりで米軍陣地へ斬《き》り込みに行こうとして、偶然のなりゆきから生き残ってしまった人だ。悲劇の核心の部分を、この本の中から、長くなるけれど引用する。一度、深呼吸をして、それからゆっくり読んでほしい。

「渡嘉敷島の『集団自決』(注:犠牲者329名)は、3月28日、米軍上陸の翌日に発生しました。しかし実は、その一週間ほど前に、軍は、兵器軍曹《ぐんそう》を通して村役場の男子職員や青年たちに手榴弾《しゅりゅうだん》を配り、『敵軍に遭遇《そうぐう》したら、1個は敵に投げ込み、他の1個で自決しなさい』との指示を与えていたのであります」

「(米軍が上陸してきた日）昼間の移動は米軍に発覚する恐れがあるので、われわれ住民は日没後、赤松隊長により指示された所定の場所への移動を開始しました。その時の心境は、いよいよ来るべきものが来たとの強烈な悲壮感でした。友軍と運命を共にするとの死の連帯感が、全身に充満しているのを感じました」

「いよいよ3月28日の朝を迎えました。……村長の指揮のもと、住民は一カ所に集結しました。重大な出来事、すなわち、死が待っているであろうことは、だれにも明瞭に予感されていました」

「村の青壮年と防衛隊員に配られた手榴弾《しゅりゅうだん》が、一個ずつ手渡され、その周りに家族・親戚が10人、20人とむらがりました。私どもの家族には手榴弾はありませんでした。炸裂《さくれつ》音とともに悲鳴があがります。しかし手榴弾は、栓《せん》を抜いて発火させようと試みても、操作ミスも手伝って多くが不発に終わりました。したがって、手榴弾による死傷者は少数にとどまったのです。そのことが、逆により恐ろしい惨事を招く結果になろうとは、誰が想像し得たでしょう。

その後は混乱状態に陥りました。迫撃《はくげき》砲の至近弾《しきんだん》に弾《はじ》き飛ばされ、私は自分の死を誤認していましたが、体の一部をつねってみてまだ生きている自分を確認します」

「どれほど時間がたったかわかりません。突然、私の目に一つの異様な光景が飛び込んできました。一人の中年男性が一本の小木《しょうぼく》をへし折っているのです。私はいぶかりながら目を凝《こ》らしました。

男性はついに小木をへし折りました。そしてその小木が彼の手に握《にぎ》られるや否《いな》や、それは、凶器へと変わったので

この惨状を撮影したアメリカ軍の説明は「弾丸にたおれた非戦闘員」となっているが、現場の様相は「集団自決」と思われる。（沖縄県平和祈念資料館提供）

す。彼は、自分の愛する妻子を狂ったように殴殺《おうさつ》し始め、この世で目撃したことのない、いや想像したことさえない惨劇《さんげき》が、私の眼前に出現したのです。

以心伝心《いしんでんしん》で、私ども住民は、愛する肉親に手を掛けていきました。地獄絵さながらの阿鼻《あび》地獄が展開していったのです。剃刀《かみそり》や鎌で頸動脈《けいどうみゃく》や手首を切ったり、紐《ひも》で首を絞《し》めたり、棍棒《こんぼう》や石で頭部を叩《たた》くなど、戦慄《せんりつ》すべきさまざまな方法が取られました。母親に手をかした時、私は悲痛のあまり号泣《ごうきゅう》しました。

私たちは『生き残る』ことが恐ろしかったのです。わが家は両親弟妹の四人が命を断《た》ちました。私はその時、16歳と1カ月で、多感な少年でした」

「混乱と絶望の中にも、幼い者・女性・老人など自らは死ねない弱い者・幼い者の命を先に処理してから、男たちは死んで行くという手順があったように思います。決して、われ先に死に赴《おもむ》く男性は、一人もおりませんでした。愛する者を放置しておくということは、彼らを、最も恐れていた『鬼畜米英《きちくべいえい》』の手に委《ゆだ》ねて惨殺《ざんさつ》させることを意味したからです。……『生き残ったらどうしよう』と“共死”の定めから取り残されることへの恐怖は頂点に達しました。私どもは死の虜《とりこ》になってしまっていたのです。当時の『教育』の凄まじさに身震《みぶる》いがします」

肉親どうしが殺し合うという異常な事態がどうして生じたのか——金城先生は二つのことを述べている。

一つは、島にいた日本軍から「自決命令」が出され、そのため手榴弾《しゅりゅうだん》がくばられていたということだ。軍隊が住民に武器を手渡すということは、少なくとも近代の軍隊組織ではあり得ない。それなのに、渡嘉敷島《とかしき》の日本軍が手榴弾を住民に手渡したということは、「敵軍との戦闘状態に入ることが必至であることを想定しながら……軍との“共死”を強制していた」ことにほかならないと金城先生は断言する。じっさい、慶良間《けらま》諸島の島じまのうち「集団自決」は、軍隊が配備されていた渡嘉敷島、座間味《ざまみ》島、慶留間《げるま》島の３つの島だけで起こった。

いま一つは、当時の国民のだれもが政府の「教育」やマスコミの「宣伝」によって、「鬼畜米英《きちくべいえい》」の敵に捕《と》らえられたら、女は一人残らず凌辱《りょうじょく》され、男は最も残忍《ざんにん》な方法で殺されると信じ込まされていたということだ。金城先生の「当時の『教育』の凄《すさ》まじさに身震いがします」という

読谷・北谷海岸に“無血上陸”した後、物資を陸揚げする米軍。沖縄本島を取り囲む米軍の艦船は実に1500隻、「水平線が真っ黒に見えた」ほどだったという。（沖縄国際平和研究所提供）

言葉には、無限の悔《くや》しさが込められている。

✣「本土決戦」のための“捨て石作戦”

慶良間諸島を占領、後方の安全を確保したアメリカ軍は、４月１日、ついに沖縄本島への上陸作戦——アイスバーグ（氷山）作戦を開始した。上陸地点に選んだのは、本島中部の西海岸、読谷《よみたん》から北谷《ちゃたん》にかけての海岸線だ。

これまで日米両軍は、太平洋の多くの島じまで水際《みずぎわ》の死闘をくり返してきた。だから今回も、アメリカ軍は上陸に先だち未明から夜明けにかけ、戦艦10隻を中心に約３時間、計算不可能なほどの砲弾を海岸線に撃ち込んだ。

夜が明けた。アメリカ軍の上陸用舟艇《しゅうてい》や水陸両用車が海岸に殺到《さっとう》する。ところが意外にも、日本軍からの反撃はなかった。米軍が太平洋での最大の上陸作戦として取り組んだ沖縄上陸は“無血上陸”に終わった。

日本軍は、なぜ反撃しなかったのか——。

沖縄守備軍（第32軍と名づけられた）の基本作戦が変更されたのだ。もともとは、日本軍の沖縄作戦は航空作戦だった。そのため、子どもから老人まで住民を根こそぎ動員して、15カ所もの飛行場を建設した。ところが、戦局は予想以上の速さで悪化し、肝心《かんじん》の航空機もそろわず、さらに守備軍の中核部隊が台湾へ引き抜かれたこともあって、作戦方針を「戦略持久戦《じきゅうせん》」に切り換えたのだ。

持久とは、持ちこたえるという意味だ。地下陣地にひそんで粘《ねば》り強く持ちこたえ、アメリカ軍をこの沖縄にくぎづけにし、さらに最大限の出血を強《し》いよう、という作戦だ。ではなぜ、アメリカ軍をくぎづけにするのか。「本土決戦」準備の時間かせぎのためだ。日本「本土」にアメリカ軍を迎え撃つには、まだ準備に時間がかかる。その時間をかせぐために、アメリカ軍をできるだけ長く沖縄に引きつけておこうというのが、第32軍の基本作戦だった。沖縄は囲《い》碁《ご》でいう“捨て石”に使われたのだ。

この作戦は、硫黄島《いおうじま》ですでに経験ずみだった。深い地下陣地網を張りめぐらして抵抗する日本軍に、アメリカ軍は手ひどい損害をこうむった。そして今回、沖縄でも結果としてこの作戦はみごとに成功した。日本軍は、兵力でも、火力でも、圧倒的に劣勢《れっせい》でありながら、3カ月も「持ちこたえた」からだ。だが反面、この成功は“最悪の成功”となった。数十万人の住民を戦場に巻き込み、軍人を上まわる犠牲者を出してしまったからだ。

❖生死を分けた２つのガマ（洞窟）

では、アメリカ軍が上陸してきたとき、日本軍の主力部隊はどこにいたのか――。司令部は、首里城《しゅりじょう》の地下に掘り抜かれた陣地壕《じんちごう》にあった。そしてその首里城の北方、宜《ぎ》野湾《のわん》市の嘉数《かかず》高地、浦添《うらそえ》市の前田高地を中心に、二重三重の地下陣地が構築され、日本軍の主力はそこにひそんで、やがて南下してくるアメリカ軍を待ち構えていたのだ。

だから、読谷《よみたん》、北谷《ちゃたん》海岸にアメリカ軍が上陸してきたとき、村の人々は無防備のまま“敵前”に置き去りにされる形になった。沖縄本島の中南部は隆起《りゅうき》サンゴ礁《しょう》でつくられている（Ⅲ章参照）。サンゴ礁は石灰岩だから水に溶けやすく、地下には無数に洞穴《どうけつ》（鍾乳洞《しょうにゅうどう》）ができている。この洞穴を、沖縄では「ガマ」と呼ぶ。最前線に置き去りにされた人々は、このガマや手掘りの防空壕、あるいは沖縄特有の墓（亀甲墓《かめこうばか》）の中に隠れ、息をひそめていた。

しかし、こうしたガマや壕は、上陸してきたアメリカ軍にたちまち見つけられてしまう。そしてここで、慶良間《けらま》諸島と同じ悲劇が起こった。読谷村《よみたんそん》のチビチリガマでの「集団自決」だ。死者は83名にも及び、そのうち半数をこえる47名が15歳以下の子どもたちだった。

このチビチリガマの悲劇は、戦争が終わった後も38年もの間、遺族の沈黙の闇《やみ》の中に封《ふう》じられてきた。生き残った人たちにとって、悲劇はそれほど重かったのだ。その全容が明らかになったのは、このガマを“平和への祈りと学習の場”にさせてほしいという、読谷村民の知花昌一《ちばなしょういち》さ

チビチリガマの入口。右は「鎮魂の像」。一度、心ない者の手で破壊されたが、再建された。以前は壕の中にも入れたが、いまは遺族の要請により禁じられている。肉親を亡くした遺族にとって、ここは、“墓地”なのだ。

んと作家の下嶋哲朗《しもじまてつろう》さんの遺族への懸命の説得による。

38年ぶりに開けられたガマの中には、赤茶けた土《つち》色の遺骨がまだ残っていた。明らかに子どものものと思われる肋骨《ろっこつ》や、老人のものと思われるメガネやクシ、入れ歯、そして錆《さ》びた包丁、鎌、ハサミ……。

沖縄へのアメリカ軍の総攻撃が始まった3月23日、139名の人々が、このチビチリガマに身を寄せた。4月1日、早くもアメリカ軍に発見される。一部の人々は竹ヤリを構えて米軍に突撃をこころみた。しかし機関銃と手榴弾《しゅりゅうだん》を見舞われ先頭の二人が下半身を砕かれ、キモをつぶした人々はガマに逃げ戻る。

翌2日の朝、当時12歳でこのガマの中にいた上原進助牧師（ハワイ在住）の証言によると、“丸腰”のアメリカ兵がガマの中に入ってきて、「殺しません。日本は負けているのです」と書いた紙をていねいに見せてまわったという（石原昌家・沖縄国際大学名誉教授への証言）。

しかしこの日、人々の恐怖とあせりが極限に達したところで、「集団自決」が起こる。帰省中だった従軍看護婦が劇薬を注射し、母親が包丁で子どもの頸動脈《けいどうみゃく》を切り裂き、また石油ランプの油を布団や着物に振りかけて火をつけ、そのガスと煙で窒息《ちっそく》死をはかったのだ。しかし、あまりの苦しさに、煙で死ぬより敵の弾丸でひと思いに死のう、と外に走り出た人たちもいた。結果的に、その人たちが助かった。「鬼畜《きちく》」のはずだった米軍は、殺さなかったのだ。

こうして沖縄戦は、慶良間《けらま》諸島につづき本島でも「集団自決」という住民の犠牲から始まったが、ところが同じ読谷《よみたん》の、同じようなガマに避難しながら、全員がぶじ生還したケースもあった。

同じ読谷村に、チビチリガマよりもずっと大きなシムクガマというガマがある。全長３キロのこの大きなガマには、約1000人の住民が身をひそめた。チビチリガマ同様、このガマにも竹ヤリが持ち込まれていた。しかしここでは、惨劇は防止された。人々の中に、ハワイ帰りの二人の老人がいたからだ。うち一人のおじいさんは、ハワイでバスの運転手として働き、英語が話せた。二人はガマを出て、包囲していたアメリカ軍と交渉した。その結果、人々はぶじガマから出て、収容所へ向かったのだった。

チビチリガマとシムクガマ。その生と死を分けたものは何だったのか。ここでも先の金城先生の指摘を再確認しなくてはならない。「教育」と「宣伝」の問題だ。当時の日本の指導者たちは国民が「真実」に近づくことを禁じ、ただいさぎよく「死ぬ」ことだけを教え、敵は「鬼畜」だと頭にたたき込んだ。チビチリガマの人たちがその“教え”に忠実に従ったのに対し、シムクガマの二人の老人は、ハワイでの体験からそのウソを見破っていたのだ。

ゆがんだ教育と、真実からの目隠しは、国民を殺す。これが、沖縄戦が教える最大の教訓の一つである。

❖中部・首里戦線――50日間の死闘

読谷村《よみたんそん》には、日本軍の「北《きた》飛行場」が建設されていた。また、すぐ南には「中《なか》飛行場」がつくられていた。日本軍は撤退《てったい》に当たり滑走路を破壊していったが、アメリカ軍はすぐに修復して使いはじめた。北飛行場はアメリカ軍の「読谷補助飛行場」となり、中飛行場は、現在のアジア最大のアメリカ空軍基地「嘉手納《かでな》飛行場」となった。

上陸後のアメリカ軍は、細長い沖縄本島の中央部を突っ切って島を南北に分断、海兵隊の部隊はそこから北部へ向かい、陸軍部隊は日本軍司令部のある首里《しゅり》をめざして南へ向かった。

日本軍の小部隊による抵抗を突破して、1週間後の4月9日、アメリカ軍は嘉数《かかず》高地に対する攻撃を開始した。嘉数高地は、日本軍の第一防衛線の中核陣地である。アメリカ軍は激しい砲撃を加え、戦車を先頭に猛攻をくり返したが、嘉数高地はびくともしなかった。高地には、網《あみ》の目状のトンネルで結ばれたトーチカが要所、要所に構築されており、日本軍はそこから迫撃《はくげき》砲や機関銃で的確に反撃した

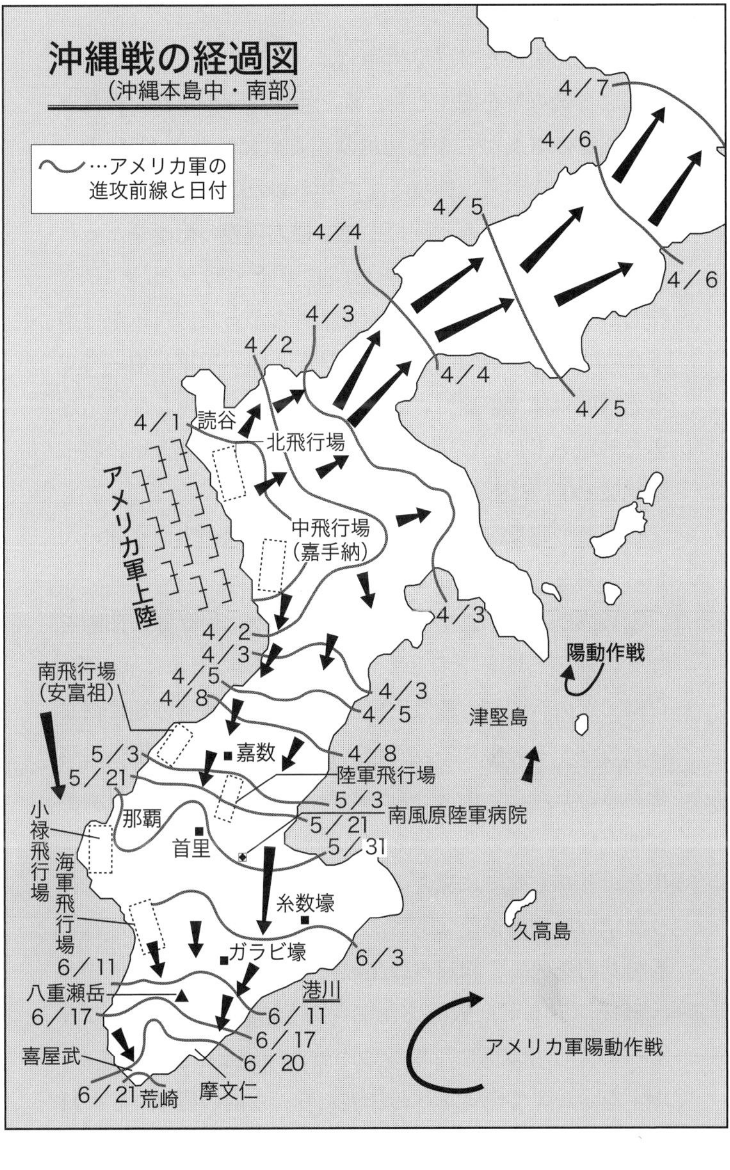
沖縄戦の経過図
(沖縄本島中・南部)
…アメリカ軍の進攻前線と日付
4／7
4／6
4／5
4／4
4／3
4／2
4／1
読谷
北飛行場
アメリカ軍上陸
中飛行場
(嘉手納)
4／6
4／4
4／5
4／3
陽動作戦
4／2
4／3
4／5
4／8
4／3
4／5
南飛行場
(安富祖)
津堅島
嘉数
4／8
5／3
5／21
陸軍飛行場
5／3
南風原陸軍病院
小禄飛行場
那覇
首里
5／21
5／31
海軍飛行場
糸数壕
久高島
ガラビ壕
6／3
6／11
八重瀬岳
港川
6／17
6／11
6／17
喜屋武
6／20
アメリカ軍陽動作戦
6／21
荒崎
摩文仁

からだ。

前進を阻《はば》まれたアメリカ軍は、4月19日、戦線をたてなおして総攻撃を開始した。地上軍の火砲のほか、戦艦以下18隻の軍艦からの艦砲《かんぽう》射撃、それに戦闘機650機による爆弾やナパーム弾投下まで加わったこの総攻撃は、これまでの太平洋での戦闘の中でも最大規模の砲爆撃だったという。撃ち込まれた砲弾は176万発（！）にも及んだ。

しかしそれでも、嘉数高地は落ちなかった。日本軍は地下にもぐって砲爆撃を避け、アメリカ軍の戦車が迫《せま》ってくると対戦車砲で撃退、さらには地下から飛び出して急造爆雷を戦車の下に投げ込んだ。破壊されたアメリカ軍の戦車は総数60台にも達した。

こうして嘉数高地は、アメリカ軍に多大の出血を強《し》いながら4月24日まで持ちこたえた。

嘉数高地を破ったアメリカ軍は、新たに海兵隊の部隊を加え、前田高地を中心とする第二防衛線の突破に向かう。以降、どの戦闘でも嘉数と同様、日本軍の地下陣地に悩まされるが、その中で一度だけ、日本軍が地下から地表に姿をあらわしたことがあった。5月4日の総反攻だ。日本軍は地下に隠していた火砲を地上に引き上げ、全力で反撃に出た。しかしすでに見たように、兵力でも火力でも、アメリカ軍は圧倒的優位にある。2日間の戦闘で日本軍は5千もの兵力を失い、総反攻は失敗に終わった。

以後、日本軍は戦線をたてなおし、再び地下陣地にもぐって、しつように反撃をつづけた。砲撃や銃撃のほか、爆雷をかかえての戦車への体当たり、夜間の襲撃など、日本軍特有の"肉弾戦法"をくり返した。倒しても、倒して

中部戦線の激闘。戦車の陰に身を隠して進むアメリカ軍歩兵。(沖縄県平和祈念資料館提供)

も、なお味方の死体を乗りこえて突撃してくる日本軍に、アメリカ軍は底知れぬ恐怖を覚えたという。

首里城地下の司令部を守るため、周辺の高地に設けられた拠点陣地で連日、こうした激戦がつづいた。中でも、アメリカ軍がシュガー・ローフ・ヒル(砂糖の塊《かたまり》の丘)と名づけた台地での戦闘は、文字どおりの死闘となった。

沖縄の梅雨《つゆ》は本土より早く、5月から雨季に入る。とくにこの年は雨が多く、アメリカ軍のジープはぬかるみで動けなくなり、戦車もしばしば泥に呑《の》まれて停止した。そうした中、5月中旬、日米両軍はこの小さな台地をめぐって一進一退の死闘をつづけた。アメリカ軍はここでも膨大《ぼうだい》な量の砲弾を撃ち込んだが、攻撃するたびに撃退され、この台地を突破することができなかった。

沖縄戦を描いたJ・ファイファーの大作『天王山』（小城正訳、早川書房刊）には沖縄戦を体験した多くのアメリカ軍兵士の声が引かれているが、その中に遠くから双眼鏡でシュガー・ローフ・ヒルを見た兵士の証言がある。

「私は自分の目を信じることができなかった。そこは戦死した海兵隊員の死体でおおわれていた。敵の死体も二、三あったが、ほとんどが友軍の死体だった。目に見えないところにある死体を別にして、私の視野に入ったものだけで数百あったかもしれない」

死者でなく生きている兵士についても語った声がある。

「（シュガー・ローフから）降りてくる連中の様子を見たとき、（私は）信じられないような気がした。負傷者や戦死者のことではない。生きている連中も、生きているようには見えなかったのである。彼らはまだ少年なのに年配に見えた。私は三十前ぐらいだと思われた兵が指揮している機関銃分隊に編入された。彼が十九歳だとはとても信じられなかった」（注：海兵隊員の年齢はいまも若いが、当時も8割が21歳以下だった。）

しかし5月18日、このシュガー・ローフ・ヒルもついに落ちた。それと前後して、他の拠点陣地も突破される。首里は追いつめられた。50日間に及んだ激戦は、ようやく終わろうとしている。

この中部・首里戦線の戦闘で、アメリカ軍は、戦死者と行方不明者を合わせ約5千7百人の損害をこうむった。そのほかに負傷者が2万4千、そしてこれと同数に近い戦争神経症の患者を出した。

もちろん日本軍の損害も大きかった。戦死者約６万３千人、死者の数はアメリカ軍の10倍をこえる。兵力と火力の圧倒的な差からすれば、この結果は当然だった。日本軍は兵力の６割近くを失い、戦闘能力は壊滅状態となった。

✣嘉数高台公園の３つの碑

では、この激戦の中で、住民はどうなったのだろうか。最初の激戦地、嘉数《かかず》高地は、いまは公園になっている。頂上の展望台に立つと、遠くアメリカ軍が上陸した読谷《よみたん》、北谷《ちゃたん》の海岸が見え、中部戦線全体が見渡せる。丘の北側の斜面には日本軍のトーチカの残骸《ざんがい》も残っている。

この頂上には、３つの慰霊碑が立っている。１つは「京都の塔」。ここで戦ったのは京都出身の兵士が多かったからだ。沖縄には、沖縄を除く46都道府県すべての慰霊碑がある。その碑文《ひぶん》はほとんどが、地元出身の将兵の「勇戦敢闘《ゆうせんかんとう》」をたたえる殉国美談《じゅんこくびだん》調だが、この京都の塔だけは例外的に、「多くの沖縄住民も運命を倶《とも》にされたことはまことに哀惜《あいせき》に耐えない」と住民犠牲に対する悼《いた》みの言葉が刻まれている。

次に「嘉数の塔」。いうまでもなく地元の嘉数の人たちの慰霊碑だ。1945年当時の嘉数の人口は695人だったが、碑文には「343名の犠牲者を出せり、村民の過半数なり」と書かれている（その後の戦災調査で374名と確認された）。戦没率、実に54%だ。この中には、家族の全員が死に絶えた一家全滅の家54戸（33%）が含まれる。

ちなみに、嘉数につづき第二防衛線の激戦地となった前田高地の集落では、住民771名のうち457名（59%）

が犠牲となった。一家全滅は41戸（22%）。自分たちの住んでいる地域が戦場となったとき、住民にはどんな犠牲が強《し》いられるか、これらの数字と比率が無言のうちに教えている。

もう1つ、嘉数の丘には、注目すべき慰霊碑が立っている。「青丘《せいきゅう》の塔」だ。「青丘」というのは朝鮮半島の別称だ。つまりこの碑は、朝鮮半島から連れてこられて、ここで死んだ人たちの慰霊碑なのだ。

アジア太平洋戦争の時期、労働力不足をおぎなうため70万をこえる人々が朝鮮半島から日本へ「強制連行」されたが、この沖縄にも陣地構築はじめ軍作業のため1万から1万5千人といわれる人たちが「軍夫《ぐんぷ》」として連行されてきた。そのうちのおよそ300人あまりの人たちが、この嘉数の戦場で、戦闘に組み込まれ、アメリカ軍陣地への斬《き》り込み、あるいは爆雷をかかえて戦車に体当たりして死んでいったのだ。碑には「386柱《はしら》」と死者の数が記されている。（柱《はしら》は死者の霊を数えるさいの助数詞。なおこの問題については、後に「平和の礎《いしじ》」のところでもう一度ふれる。）

✣海と空の沖縄戦——特攻作戦

中部戦線で死闘がつづけられていたころ、沖縄の海上と空でもまた、死闘がつづけられていた。“主役”は日本軍の特攻隊（神風《かみかぜ》特別攻撃隊）だった。

特攻機による自爆攻撃は、前年10月のフィリピン沖海戦で発案され、実行された。しかし特攻攻撃が作戦の中心にすえられ、決行されたのは、この沖縄戦である。

アメリカ軍が沖縄本島に上陸した4月1日、700機を

米軍艦船ミズーリに突入する特攻機。(沖縄国際平和研究所提供)

こえる日本軍機が米艦隊に襲いかかったが、その半数が特攻機だった。その後、同月6日から7日にかけ、当時世界最大の戦艦「大和《やまと》」が沖縄へ向け“水上特攻”として出撃、同時に700機の日本軍機が沖縄へ発進したが、そのうちの355機が特攻機だった。この特攻攻撃は「菊水《きくすい》1号」作戦と名づけられていたが、以後、沖縄での組織的戦闘が終わる6月22日まで、「菊水作戦」は10次にわたって実行される。特攻のほかにも日本軍は米艦隊への航空機による攻撃をつづけたが、主力はこの特攻攻撃だった。

特攻機は、鹿児島県の知覧《ちらん》(陸軍)、鹿屋《かのや》(海軍)を中心とする九州の基地から出撃した。特攻機はたいてい夜明けをえらんで米艦隊を攻撃した。肉眼で見つけにくいからだ。まだ明け切らない上空から、文字どおり命を捨てて、一直線に突っ込んでくる特攻機は、倒されても倒されても突撃してくる“肉弾戦法”の日本軍と同様、アメリカ軍の将兵に得体《えたい》の知れない恐怖を与えた。

しかしまた、世界の戦史でも異常としかいいようのないこの特攻作戦の損害は、“肉弾戦法”と同様に大きかった。沖縄戦に投入された日本軍機は陸海軍あわせて1万500機、うち2300機が特攻機だった。

一方、アメリカ艦隊のうけた損害のうち約80%は、この特攻機によるものだったとされる。撃沈されたアメリカ軍の軍艦は15隻、損壊225隻という数字がある。また兵員については、戦死および行方不明が約4900名にのぼる。これは、ハワイ真珠《しんじゅ》湾への奇襲攻撃による損害の2倍をこえ、第二次大戦でのアメリカ海軍のこうむった損害総数の2割を占める数字だった。

先に述べた中部・首里《しゅり》戦線での戦死者5700に、日本軍の首里撤退後の南部戦線での戦死者1500、また海兵隊の戦術航空隊などの戦死者、そしてさらにこの航空作戦による戦死者4900を加えて、沖縄戦でのアメリカ軍の戦死者総数1万2500となるのである。

❖首里陥落――南部への撤退

再び、追いつめられた首里に戻る。シュガー・ローフ・ヒルはじめ拠点陣地は落としたが、アメリカ軍はまだまっすぐ首里には進めなかった。そのころから急に激しさを増した豪雨のため、戦車や装甲《そうこう》車はぬかるみにはまり、動けなくなったのだ。首里の周辺では、なお戦闘がつづいた。首里はすでに、沖縄戦が始まったときから激しい砲爆撃を

アメリカ軍の「鉄の暴風」によって蜂の巣のようになった弾痕に雨水がたまっている首里城周辺。木々の葉は焼けつくし、枝や幹は裂けている。（沖縄国際平和研究所提供）

受けていたが、最後の突撃を前に、アメリカ軍は２隻の軍艦による艦砲射撃《かんぽう》を含む、すさまじい砲撃を加えた。この砲撃で、首里城の堅固《けんご》な城壁も瓦礫《がれき》の山と化した。

そうした中、首里城の地下に１キロにわたって掘り抜かれた司令部壕で、牛島満《みつる》・第32軍司令官、長勇《ちょういさむ》・参謀《さんぼう》長を中心に今後の方針が論議された。５月22日のことだ。日本軍の組織的な戦闘能力はすでに壊滅状態だ。アメリカ軍は、北、東、西の三方から迫《せま》っている。このままいけば、残る南への道も断ち切られ、司令部が最後の突撃によって「玉砕《ぎょくさい》」することになるのは目に見えていた（「玉砕」は「玉が砕ける」の意、「全滅」のことを当時はそう美化した。また「降伏《こうふく》」は日本軍の用語にはなかった）。

「玉砕」か「転進」か（「撤退《てったい》」も当時は「転進」とごまかした）——論議の結果は南部への撤退だった。本島最南端の喜屋武《きゃん》半島にしりぞいて、そこで残存兵力をもってアメリカ軍をこの沖縄につなぎとめ、「国軍《こくぐん》全般作戦に最後の寄与《きよ》をする」というのだ。「国軍全般作戦」とは、前にも述べた「本土決戦」のことだ。日本の政府と軍の首脳部は、関東地方から九州まで、海岸線のいたるところに塹壕《ざんごう》を掘り、特攻艇の基地を構築し、工場を地下に移して「本土決戦」の準備をすすめていたが、その完成にはまだまだ時間が必要だったのだ。こうして、時間かせぎの“捨て石作戦”という沖縄戦の本質がつらぬかれる。

撤退先として喜屋武半島が選ばれたのは、そこには前にも述べたガマ（洞穴）が数多くあったからだ。そのガマを天然の塹壕として、「最後の一人まで」「尺寸《せきすん》の土地の存する限り、戦い続ける」（八原《やはら》博通参謀の手記）方針の下、残存部隊はまもなく南部への撤退を開始する。

首里からの撤退は、アメリカ軍の目を盗んで巧妙に行なわれた。主力部隊と司令部は5月26日から28日にかけ首里を脱出した。兵力の6割が失われたといっても、まだ3万余が残っている。夜の闇《やみ》を利用しての大移動だった。

さらにこの撤退には、住民の群れも加わった。アメリカ軍は首里への総攻撃を前に、空から数万枚のビラをまき、戦闘を避けて南へ移るようにすすめていた。やがて日本軍の撤退がはじまった。そこで人々もひそんでいた避難壕を出て、南部へ向かったのだ。

すでに述べたように５月下旬に入り豪雨がつづいていた。雨がつづくと、舗装《ほそう》をしていない道路は、泥の川となる。その泥の川を、将兵たちと避難民の群れが、南へ南へと流れつづけた。やがて移動に気づいたアメリカ軍が、その流れに容赦《ようしゃ》なく艦砲《かんぽう》射撃を撃ち込んでくる。その砲撃の最大の目標地点となった南風原《はえばる》の“死の十字路”の付近は、道路の両側に、砲撃の犠牲となった人々の死体が石垣のように重なっていたという。

はじめに紹介したひめゆり学徒隊の宮城《みやぎ》さんも、主力部隊が撤退していった後、この泥の川の中を南部へと逃れていった。再び『ひめゆりの少女』から引用しよう。

「……南部への道は、人、人、人でした。戦火に追われ、ただひたすら南部へと向かう人でごったがえしていたのです。そのほとんどは、暗い中、互いに家族の名を呼び交わしながら逃れてゆく一般住民でした。子どもたちを引きずるようにしてゆくお母さん、傷ついて泥の川の中を這《は》ってゆく人、いざってゆく人……生きる保証もない哀《あわ》れな人たちが群れをなして南部へと向かっているのでした」

「兼城《かねしろ》国民学校の前の道路も、まるで泥田《どろた》のようになっており、その上にたくさんの死体が横たわっていました。その中の１つ、女の人の死体はなぜか２倍ほどにもふくれあがっており、気味悪く異様でした。また、日の丸の鉢巻きをした日本兵の死体が、道をさえぎって大の字に倒れていました。馬の死体が、やはり異様に膨張した姿で道を遮《しゃ》断《だん》していました。やむを得ず、冷たい死体をよじのぼるようにして乗り越えました。……」

しかし、こうしてたどりついた島の南端も安全な場所ではなかった。人々はそこでもまた、地獄の戦場をさまよいつづけるのである。

❖壕の中の南風原陸軍病院

首里からの撤退《てったい》は「成功」したが、しかし重症の傷病兵を運んでゆく余裕はなかった。だったら、野戦病院にそのまま残してくれればよかったはずである。ジュネーブ条約にもとづいて、アメリカ軍は傷病兵を捕虜《ほりょ》として収容したはずだからだ。

しかし日本政府と軍は、そのジュネーブ条約を批准《ひじゅん》せず、兵士にはその条約の存在さえ知らせず、ただ「生きて虜囚《りょしゅう》（捕虜のこと）の辱《はずかし》めを受けず」という戦陣訓《せんじんくん》だけをたたき込んでいた。捕虜を出せばその捕虜の口から“軍の機密”が漏《も》れると考えていたからだ。だから「捕虜になる」ことを許さなかった。負傷して戦えなくなった傷病兵は、捕虜になる前に、みずから死なねばならなかったのだ。これが、日本軍を支配していた“死の論理”だった。

実際には、すすんで死ぬ人がそういるわけはなく、ほとんどは青酸《せいさん》カリなどで殺された。首里を出て南部に向かう最初の町が南風原《はえばる》町だが、そこにある黄金森《くがにむい》の中腹にはいまも陸軍病院壕が残っている。本部壕、第一外科壕、第二外科壕だ。向かい側の丘の第三外科壕を含め、４千名もの収容能力があったという。その県道から近いところに「重症患者二千余名自決之《の》地」と刻《きざ》んだ碑があるが、この「自決」という言葉の本当の意味はいま述べた通りだ

南風原陸軍病院20号壕の内部。黒い棒状のものは当時の杭木が焼けたもの。2007年6月から一般に公開されている。

（この碑は戦後まもなく建てられたもので、その後の調査からこの数は過大ではないかとの疑問が出されている）。

この洞窟の陸軍病院に、冒頭《ぼうとう》で見たように「ひめゆり学徒隊」約220名が動員され、軍医や衛生兵、看護婦とともに働いた。まだ十代の少女たちが、どんなむごい体験をさせられたか、それはすでに見た通りである。

1990年、南風原町は、この黄金森《くがにむい》の陸軍病院跡を「沖縄戦に関する遺跡」として文化財に指定した。戦跡を文化財に指定したのは、全国ではじめてのことだ。その背景には、高校生も含めての長い地道な取り組みがあった。

1983年、南風原高校に赴任してきた吉浜忍先生（現沖縄国際大学教授）は、沖縄戦を教材に平和教育に取り組む。ところが、戦争で破壊しつくされた南風原では、いまだに戦没者の数さえはっきりしないことがわかった。そこで吉浜先生は南風原高校の生徒たちに呼びかけ、さらに青年団などの協力も得て、家々を一軒残らずたずね歩き、戦争当時の家族構成と、その中でだれが亡くなったのかを確定していった（こうした調査を悉皆《しっかい》調査といい、やがて沖縄の他の市町村でも行なわれるようになった）。

南風原町による陸軍病院の文化財指定は、こうした取り組みの上に実現されたものだ。その後、1995年、国の文化財指定基準にある「古戦場」の項目が「戦跡」に改正され、その「戦跡」の時代範囲はアジア太平洋戦争にまで拡大された。現在、全国各地に残っている地下壕や建造物を「戦争遺跡」として保存しようとする運動が高まり、2013年7月現在、200件の戦争遺跡が国・県・市町村などにより文化財として指定・登録されている（国指定は23件）。

南風原町はまた、1989年に南風原文化センターを設立、歴史の保存につとめてきたが、さらにかつての陸軍病院壕の一帯を黄金森《くがにむい》公園とし、そこに戦跡ゾーンを設けて、多くの壕の中でも比較的保存状態の良い20号壕を整備し、一般に公開している（ただし、事前予約制）。よく見ると、壁や天井は米軍の火炎放射器で黒く焼けこげ、今も当時の様子を伝えている。

❖ガマの中の闇は何を語るか

南風原《はえばる》の南、南城《なんじょう》市玉城《たまぐすく》糸数《いとかず》に、地元でアブチラガマと呼ぶ自然洞窟がある。沖縄での平和学習のための代表的なガマ、糸数壕《いとかずごう》だ。民家のすぐ横から、急な石段を、背を

糸数壕の中の石積み。当初ここに地下陣地が構築されたなごりだ。

かがめて壕の中に入ってゆくと、その奥に全長270メートルの闇《やみ》の世界が広がっている。

ガマの中を歩くには、懐中《かいちゅう》電灯が不可欠だ。また靴はできればスニーカーにし、手には作業用の手袋をしておきたい。岩壁《いわかべ》をつたって歩くところもあるからだ。

懐中電灯で照らしながら進んでいくと、明らかに人の手で積んだとわかる石垣が目に入る。そう、ここは当初、日本軍の陣地だったのだ。

日本軍ははじめ、アメリカ軍がここ南部の港川《みなとがわ》から上陸してくると予想した。そこでこの一帯に、第一線部隊を配置したのだ。そして事実、アメリカ軍は３月下旬、ここへ激しく砲弾を撃ち込んだ。しかしそれは陽動《ようどう》作戦で、ここから上陸すると見せかけ、実際は中部の読谷《よみたん》、北谷《ちゃたん》の海岸に上陸したのだ。そのため、この糸数壕に布陣《ふじん》していた部隊も、中部戦線へ移動して行った。

その後、４月下旬、この壕も南風原陸軍病院の「糸数分院」に指定され、2名の軍医、数名の衛生兵、看護婦とともに、16名のひめゆりの生徒たちも移ってきた。壕内には、したたり落ちる地下水をふせぐための屋根をかけた2段ベッドが10数棟、作られていたという。

5月25日、南風原陸軍病院と同様、ここにも喜屋武《きゃん》半島への撤退命令が伝えられた。歩けない重症患者は、自決用の手榴弾《しゅりゅうだん》や青酸カリを与えられ、置き去りにされた。

まもなくここには、自決できない傷病兵と、残された食糧を管理する兵士たちと、各地から追われてきた避難民が雑居《ざっきょ》するようになる。

6月に入ってこの一帯は、日本軍を追撃して南下してきたアメリカ軍が占領した。アメリカ軍は壕内に向かってさかんに投降《とうこう》を呼びかける。しかし壕内は、日本軍の“死の論理”が支配していた。かりに子どもや老人をかかえた避難民が出て行こうとしても、兵隊が銃を構えて入口を見張っていた。

アメリカ軍ははじめ、空気穴からガソリンを流し込み、そこへ黄燐弾《おうりんだん》を投げ込んで、壕内の人々を窒息《ちっそく》死させようとした。こうした攻撃を「馬乗り攻撃」という。次には、壕の奥をめがけて大砲を撃ち込み、火炎放射《かえんほうしゃ》を浴びせた。当然、多くの死傷者が出た。しかし人々は、壕の奥深くひそんで、じっと耐えていた。

8月15日、日本は降伏《こうふく》し、戦争は終わる。しかしこの糸数壕から人々が出てきたのは、8月22日のことだった。こうした悲劇が、沖縄ではいたるところであったのだ。

いま、平和学習で壕の中に入ると、壕のほぼ中央あたりですべての明かりを消し、暗闇《くらやみ》体験をする。「漆黒《しっこく》の闇」

という言葉がある。真っ黒い漆《うるし》で塗り込めたような闇、という意味だ。いまでは、とくに都会では、この「漆黒の闇」を体験することはなくなったが、壕の中がまさにこの「漆黒の闇」だ。目の前にナイフを突き付けられてもわからない、完全な闇だ。ただ、壕の底を流れる小川の水の音と、したたり落ちる地下水の音だけが聞こえる。時間が停止し、数分間が数十分にも思える。何とも言いようのない不安感で、体がこわばってくる……。

こんな壕の中で、あのころ人々は、何日も何十日も過ごしたのである。死臭《ししゅう》の充満した暗闇の中で、飢《う》えと渇《かわ》きに苦しみつつ、まもなく訪れる死の恐怖におびえながら……。

多くの体験者は、壕内で過ごす中で、水を腹いっぱい飲みたい、明るい太陽の下を大手を振って歩きたい、とひとしく願ったという。それはたしかに真実だったにちがいないということを、壕内で暗闇体験をした人たちは確信するだろう。同時に、戦争というものがどんなに惨《みじ》めで愚《おろ》かしいものかということも。

✣「白梅学徒隊」とヌヌマチガマ

糸数壕からさらに南、玉泉洞（おきなわワールド）のすぐ近くに全長500メートル以上もある大きな自然洞窟（ガマ）がある。東側の出入り口周辺をガラビガマといい、反対の西側の出入り口周辺をヌヌマチガマという。このヌヌマチガマも野戦病院として使われ、そこには県立第二高等女学校（二高女）の生徒たち「白梅《しらうめ》学徒隊」の一部が動員されてきていた。

ここで、ひめゆり学徒隊を含め高等女学校の生徒の動員について述べておこう。

高等女学校というのは、いまの中1から高1に当たるが（5年制と4年制があったが、戦争末期にすべて4年制となった）、その4年生が卒業を前に補助看護婦として軍に動員され（一部に3年生も含む）、速成の看護教育を受けた後、県内の陸軍病院や野戦病院に配置されたのである。当時、沖縄本島には1つの師範学校の女子部と6つの高等女学校があったが、その動員数と犠牲者数は次の通りである。

		動員数	犠牲者数
師範学校女子部	ひめゆり学徒隊	157	81
県立一高女	ひめゆり学徒隊	65	42
県立二高女	白梅学徒隊	56	22
県立三高女	なごらん学徒隊	10	1
県立首里高女	ずいせん学徒隊	61	33
私立昭和高女	でいご学徒隊	31	9
私立積徳高女	積徳学徒隊	25	3

（ひめゆり平和祈念資料館開館10周年記念イベント「沖縄戦の全学徒たち」展・報告書より）

白梅学徒隊が動員された第24師団（通称・山部隊）の第一野戦病院は、八重瀬岳《やえぜだけ》の中腹に掘られた2つの壕にあった。下の壕が本部壕で、上の壕が手術場壕だった。速成の看護教育を受けた女生徒たちは、アメリカ軍のいっせい砲爆撃が始まった翌日の3月24日、ここに配属された。入隊したのは56名だったが、10名は体調をくずしたりして除隊し、残った46名が地獄の体験を共有することになる。

4月中旬になると、中部の激戦地から負傷兵がぞくぞく

白梅学徒隊の人たちが“地獄”を見たヌヌマチガマの入り口。

と運ばれてきて、病院壕はたちまち満員状態となる。白梅学徒隊の５名に対し、人手不足となった手術場壕での勤務が命じられた。その中の一人、上原初代さんは12時間交代で勤務した当時の様子をこう述べている（白梅同窓会編『白梅・沖縄県立第二高等女学校看護隊の記録』から）。

「50～60名の患者を二人で看護するのは並大抵《なみたいてい》ではありませんでした。あちらから尿器、こちらから便器をせがまれ、傷が痛いと呼ばれて包帯をはずしてみると、蛆《うじ》がいっぱい傷口にたかっているのでピンセットで取りました。身動きのできない患者たちは、一日中ひっきりなしに私たちを呼び続けました」

「その上、薄暗い壕内では、ローソクの淡い光を頼りに、毎日のように切断手術が行なわれました。私たちは、その手術の手伝いをするのも重要な任務の一つでした。手術用

国吉の林の中にひっそりと建つ「白梅之塔」

の鋸《のこぎり》でギリギリ音をたてながら足を切り落としたり、弾丸の摘出《てきしゅつ》もありました。……切断した腕や足などは手術場の入口の横に置いてある乾《かん》パンの空き缶に入れて、砲弾の合間を縫《ぬ》って艦砲《かんぽう》射撃であいた穴に埋めるのです。……」

ここもまた南《は》風原《えばる》陸軍病院と同じ凄惨《せいさん》な状況となり、白梅学徒隊も否応《いやおう》なくその中に巻き込まれたのだった。

４月下旬、八重瀬岳の病院本部から３キロほど離れたヌヌマチガマに分院が開設され、白梅学徒隊の５名が派遣された。そこにも千人をこえる負傷兵が収容されたが、首里の陥落《かんらく》後、６月３日、閉鎖《へいさ》される。その際、重症患者に配られた自決用の薬が効《き》かなかったため、衛生兵によって射殺されていった有様が、当の衛生兵によって証言されている（沖縄平和ネットワーク編著『ガラビ・ヌヌマチガマ』）。

八重瀬岳も、まもなく最後の激戦地となる。白梅学徒隊の生徒たちはその後、衛生兵たちのあとについて国吉《くによし》というところまでたどりつき、ガマに入る。そのガマも６月22日、アメリカ軍の「馬乗り攻撃」を受けた。現在そこには、清楚《せいそ》な「白梅之《の》塔」がひっそりと建っている。

✣“地獄の戦場”をさまよう人々

ここでまた、泥の川の中を人々が逃れてきた島の最南端に戻る。そこにはすでに、地元の人々のほかに、激戦地となった中部や首里《しゅり》、那覇《なは》から避難してきた10数万の人々がひしめいていた。そこへ新たに、戦闘続行の命令を受けた約３万の軍隊がなだれこんできたのだ。それはつまり、子ども、老人、女性たちが避難していたその場所が“戦場”になったということにほかならない。

沖縄戦でのアメリカ軍のすさまじい砲爆撃を、沖縄では「鉄の暴風」と呼ぶ。南部へ撤退《てったい》してきた日本軍をねらって、南部一帯にこの「鉄の暴風」が荒れ狂った。

前に述べたように、喜屋武《きゃん》半島にはガマが多い。そのガマには、人々が避難生活を送っていた。ところが、当初からガマを天然の塹壕《ざんごう》、陣地として使う作戦で撤退してきた軍は、人々をガマから追い出した。自分たちを敵の攻撃から守ってくれるものと信じ込み、だからこれまで協力を惜しまなかった「友軍」が、赤ん坊や年寄りをかかえる人々からガマを横取りし、「鉄の暴風」の荒れ狂う地上へ追い払ったのである。以後、「軍隊は住民を守らない」という苦《にが》い真実が、沖縄の人々の忘れようにも忘れられない教訓となった。

こうして、６月初めから下旬にかけ喜屋武半島は、ガマを追われた人々と、ガマに入れない人々の群れが、砲弾の下を行く当てもなくさまようことになる。当時、二人の子の若い母親だった安里要江《あさととしえ》さんもその一人だった。

安里さんは戦後、中部の北中城村《きたなかぐすくそん》で長く保育士として働いたあと村会議員をつとめ、今も“平和の語り部《べ》”として活動している人だが、戦争から50年たった1995年、沖縄戦研究者であり、作家でもある大城将保《おおしろまさやす》さんの協力を得て、自分の戦争体験を『沖縄戦・ある母の記録』（高文研）にまとめた。その中に、家族とともにこの“地獄の戦場”をさまよった時のことが語られている。引用しよう。

「……十字路には避難民がごったがえし、夜中だというのに何千人という避難民が路上にあふれて、まるで戦前の県庁前のような雑踏《ざっとう》でした（注：昼間は『鉄の暴風』で動けないため、人々は砲撃がやんだ夜間に、より安全な場所を求めて移動した）。互いに大声で名前を呼び合いながら右往左往《うおうさおう》しています。石垣がこいの屋敷の中はもう避難民でいっぱいで、あとから入り込む余地はありません。しかたがないので、屋敷と屋敷の間の側溝《そっこう》の中に一列に腰をおろして不安な一夜を明かしました。

夜が明けてみると、すぐ近くに糸満《いとまん》の海が見えます。誰かが、『海が見えるぞ。艦砲《かんぽう》でやられるぞ。もう前には行かれないから、戻れ、戻れ』と叫んでいました。一人がひっかえすと、みんなぞろぞろついて行きます。

海をふりかえって見ると、水平線は黒い艦隊でいっぱいです。もう、どこへ行っていいかわからなくなってしまいました。海の見えない方へ、海の見えない方へと、ただ本能的に反対側に逃げて行きました」

「真壁村字真壁《まかべそんあざまかべ》は、北側と南側を細長い丘陵《きゅうりょう》にかこまれた畑の真ん中に集落があります。島尻《しまじり》戦線の四方八方から避難民や敗残兵が追いつめられてきて、まるで吹きだまりのようになっていました。そこへ、ひっきりなしに砲弾が破裂します。真壁の共同井戸は、ねらいうちされて、井戸の周近には死体が折り重なるように山積みになっていました。その共同井戸の近くの側溝に、私たちの家族はかくれていました。もう、壕もない、食べ物もない、行きあたりばったりの避難行動でした。疲れと飢えで感覚がマヒして、怖いとかどうしようかと考える余裕もなく、ただ、ふらふらと逃げまわっているだけでした……」

「轟の壕」入口。ここにひそんでいた多くの人たちは、米軍の投降の呼びかけに応じて6月23日、壕を出た。外の明るさに昏倒（こんとう）する人も多くいた。

この“地獄の彷徨《ほうこう》”の途中で、安里《あさと》さんは父が行方不明となり、母と夫の両親を砲弾で失い、さらにやっと入り込んだガマの中で赤ちゃんだったわが子を失うことになる。

そのガマは「轟《とどろき》の壕」といった。はじめのうちこそ小さな明かりが灯《とも》っていたが、まもなく漆黒《しっこく》の闇《やみ》となる。わずかな食料も底をついた。オッパイもとうに出なくなっている。そうして数日が過ぎ、安里さんは抱いていた生後9カ月の赤ちゃんの体が冷たくなっていくのに気がつく。

しかし闇の中では、その顔を見ることもできない。「指先が目になりました」と安里さんは言った。顔や手足を指で撫《な》で、その感触を胸に焼きつけたというのだ。遺体は、ガマの奥の岩の間に手さぐりで小さなくぼみをつくり、形ばかりの埋葬《まいそう》をした。だからこの壕は、安里さんにとって、亡くなった子の"墓所《ぼしょ》"そのものなのだ。(1996年に製作された沖縄県民映画『GAMA［ガマ］ 月桃《げっとう》の花』［脚本：嶋津与志＝大城将保］は、この安里さんの体験がもとになっている。)

❖司令官の自決と組織的戦闘の終わり

こうして人々が砲弾の下をさまよっている間にも、最後の戦闘がつづけられた。日本軍は、現在は自衛隊基地となっている八重瀬岳《やえぜだけ》と与座岳《よざだけ》、そして国吉《くによし》台地を結ぶラインに防衛線をしき、ここでも洞窟陣地にたてこもって徹底抗戦の構えをとった。中部・首里戦線での死闘がまたも再現された。戦闘は一進一退をくり返し、最後は白兵戦《はくへい》となった。6月半ば、はじめに八重瀬岳が、つづいて与座岳、国吉台地が陥落《かんらく》したが、一方、アメリカ軍も戦死者約1500人と大きな損害を出した(この数はガダルカナル攻防戦での米軍戦死者数に匹敵する)。

アメリカ軍を悩ませた雨も、6月5日にはあがっていた。そのため、この沖縄戦ではじめて登場したアメリカ軍の火《か》炎砲《えんほう》戦車も自由に活動できた。最後の防衛線を突破したア

海岸の岸壁の裂け目や洞窟に火炎を浴びせかけるアメリカ軍の火炎砲戦車。（沖縄県平和祈念資料館提供）

メリカ軍は掃討《そうとう》戦に移り、戦車隊と歩兵部隊が、日本兵と避難民のひそんでいるガマを、火炎放射や爆雷、黄燐弾《おうりんだん》、ナパーム弾などを使って、一つひとつつぶしていった。

掃討戦をすすめる一方、アメリカ軍はビラやスピーカーで、投降《とうこう》を呼びかけた。しかし、すでに述べたように、日本軍は投降を認めず、許さなかった。子どもや老人、女性を問わず、「敵に投降する者はスパイと見なして射殺する」と警告されていた。そして事実、背後から射殺されたケースもあった。ガマの中で、赤ん坊が泣くと、敵に発見されるというので、窒息《ちっそく》死させられた例も少なくない。恐怖と絶望に追いつめられて、「集団自決」も多発した。

この間、日本軍の牛島司令官は、長《ちょう》参謀長らとともに、摩文仁《まぶに》の丘の洞窟にこもっていた。6月19日、その摩文仁の丘にもついにアメリカ軍が迫ってきた。いよいよ最後の時を迎えた司令官は、次のような命令を発した。

「全将兵の3ケ月にわたる勇戦敢闘《ゆうせんかんとう》により遺憾《いかん》なく軍の任務を遂行《すいこう》し得たるは同慶《どうけい》の至りなり。然《しか》れども今や刀折れ矢尽き軍の運命旦夕《たんせき》（注：今夜か明朝か）に迫る……爾《じ》今《こん》（注：今後）各部隊は各局地における生存者中の上級者之《これ》を指揮し最後迄敢闘《までかんとう》し悠久《ゆうきゅう》の大義《たいぎ》に生くべし」

沖縄守備軍の命運は尽きた、と司令官は認めている。しかし、だからといって、戦闘をやめるとは言っていない。残っている部隊は、階級の上位の者が指揮をとって、最後の最後まで戦え、と命じているのだ。

6月23日の未明（22日との説もある）、牛島司令官と長参謀長は自決した。そのあと、アメリカ軍は摩文仁《まぶに》の丘に総攻撃をかけ、火炎砲戦車で5千ガロン近くのガソリンを使って焼き払い、激しく抵抗する日本軍を殲滅《せんめつ》した。

こうして日本軍の組織的戦闘は終わったが、しかし司令官が自決し、しかも、生き残っている者は生きている限り最後まで戦えと言い残していったために、沖縄戦は終わりのない戦闘になってしまった。実際、沖縄の日本軍が嘉手《かで》納《な》飛行場で正式に降伏調印《こうふくちょういん》するのは、日本政府が降伏した8月14日から24日もたった9月7日のことである。

❖摩文仁の丘の慰霊碑群と沖縄戦の本質

いま、摩文仁《まぶに》の丘には、各県の慰霊碑が立ち並んでいる。沖縄には、沖縄県を除く全都道府県の慰霊碑がある。沖縄戦が、それほど大きな戦いだったということだ。事実、沖

沖縄戦での戦没者

（沖縄県援護課資料より）

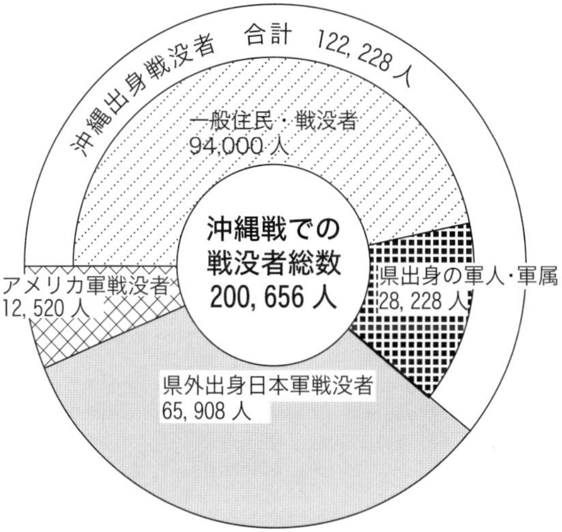

縄県以外の出身兵の戦没者数は、約６万６千に及ぶ。この摩文仁の丘に参拝する人が、いまも全国からこの地を訪れるのは、だから当然なのだ。

ただ残念ながら、その碑文《ひぶん》の多くは、牛島司令官の最後の命令にあった「勇戦敢闘《ゆうせんかんとう》」「悠久《ゆうきゅう》の大義《たいぎ》に生きる」式の美文調だ。しかも、沖縄の人々の犠牲についてはふれていない。沖縄戦ではたしかに、６万６千人もの本土から来た将兵がかけがえのない命を落としたが、しかしそれをはるかに上まわる沖縄県民の命が失われた。

沖縄県援護課の資料でも、沖縄県出身の戦没者は12万２千人を数える（現在の調査研究では、これに八重山《やえやま》諸島での強制移住によるマラリア死などを含めれば15万人はくだらない、と推定されている）。したがって、この事実を見落

各都道府県慰霊塔の建立年月と所在地

県名	塔名	所在地	建立年月	合祀者数	沖縄戦戦没者数
北海道	北　霊　碑	糸満市米須	昭和29年4月	40085柱	10085柱
青　森	みちのくの塔	糸満市摩文仁	昭和39年11月	19847	544
岩　手	岩手の塔	〃	昭和41年10月	34600	667
宮　城	宮城の塔	〃	昭和43年2月	45500	582
秋　田	千秋の塔	〃	昭和37年1月	433	433
山　形	山形の塔	糸満市国吉	昭和40年2月	38000	765
福　島	ふくしまの塔	糸満市摩文仁	昭和41年10月	66300	958
茨　城	茨城の塔	〃	昭和39年11月	38000	610
栃　木	栃木の塔	〃	昭和41年11月	31495	676
群　馬	群馬の塔	〃	昭和38年2月	31386	795
埼　玉	埼玉の塔	〃	昭和41年11月	28000	1040
千　葉	房総之塔	〃	昭和40年12月	35693	1585
東　京	東京之塔	糸満市米須	昭和46年10月	154602	6500
神奈川	神奈川の塔	糸満市摩文仁	昭和40年11月	40680	1678
新　潟	新潟の塔	〃	昭和51年1月	41906	1110
富　山	立山の塔	〃	昭和40年11月	14694	631
石　川	黒百合の塔	〃	昭和37年11月	978	978
福　井	福井の塔	〃	昭和41年10月	24507	1182
山　梨	甲斐の塔	八重瀬町	昭和41年11月	21915	450
長　野	信濃の塔	糸満市摩文仁	昭和39年4月	54000	1247
岐　阜	岐阜の塔	〃	昭和41年3月	2700	907
静　岡	静岡の塔	〃	昭和41年4月	40409	1683
愛　知	愛国知祖之塔	〃	昭和37年4月	2815	2815
三　重	三重の塔	〃	昭和40年6月	59577	2648
滋　賀	近江の塔	〃	昭和39年11月	1673	1198
京　都	京都の塔	宜野湾市嘉数	昭和39年4月	2536	2536
大　阪	なにわの塔	糸満市摩文仁	昭和40年4月	35000	2430
兵　庫	のじぎくの塔	〃	昭和39年6月	3073	3073
奈　良	大和の塔	糸満市米須	昭和42年11月	15871	551
和歌山	紀乃国の塔	〃	昭和36年11月	839	839
鳥　取	因伯の塔	〃	昭和46年11月	13904	539
島　根	島根の塔	〃	昭和44年3月	893	893
岡　山	岡山の塔	糸満市摩文仁	昭和40年10月	33799	1573
広　島	ひろしまの塔	糸満市米須	昭和43年5月	34607	1264
山　口	防長英霊の塔	糸満市摩文仁	昭和41年11月	1043	1043
徳　島	徳島の塔	〃	昭和40年12月	1597	1597
香　川	讃岐の奉公塔	糸満市米須	昭和43年5月	32428	1010
愛　媛	愛媛の塔	糸満市摩文仁	昭和37年9月	2076	2076
高　知	土佐の塔	八重瀬町	昭和41年11月	18545	832
福　岡	福岡の塔	糸満市摩文仁	昭和41年12月	2423	2315
佐　賀	はがくれの塔	〃	昭和41年10月	28000	914
長　崎	鎮魂長崎の塔	〃	昭和41年11月	35000	1755
熊　本	火乃国の塔	〃	昭和38年5月	1476	1476
大　分	大分の塔	糸満市米須	昭和40年10月	979	979
宮　崎	ひむかいの塔	〃	昭和40年11月	31237	1848
鹿児島	安らかに	糸満市摩文仁	昭和40年4月	2576	2576

（沖縄県生活福祉部援護課の資料による）

とすと、沖縄戦の本質を見失うことになる。

摩文仁の丘の頂上にはまた、自決した牛島司令官と長《ちょう》参謀長をまつった「黎明之塔《れいめいのとう》」がある。

ところで、“地獄の戦場”をさまよっていた人々はその後、どうなったのだろうか。米国陸軍省編の『沖縄・日米最後の戦闘』（外間正四郎訳、光人社文庫）の末尾に以下の記述がある。

「（喜屋武半島の）約８万人の民間人のうち、およそ二分の一から半分までが傷を負い、やっと６月の最後の２週間に、島の南端の洞窟の中から匍《は》い出してきた。ほとんどが子供か老人、あるいは女の人で……彼らは長い隊列をつくって、前線の後方へ歩いていった。そのほかにも、数千という民間人の死体が、溝の中、キビ畑、荒廃した村落内に散乱し、あるいは壕の中に、そのまま入り口を密封《みっぷう》されて生き埋めになっていた」

そしてこのあと、生き残った人々はアメリカ軍がつくった10数カ所の収容所に入れられる。沖縄の“戦後”はこの収容所生活から始まるのである。そして人々が収容所に入っている間に、アメリカ軍は人々の土地を勝手に有刺《ゆうし》鉄線で囲い込み、広大な軍事基地をつくってゆく。

✣「鉄血勤皇隊」という名の中学生兵士たち

摩文仁の丘を海側へ、長い石段を降りてゆくと、３人の少年が肩を寄せ合って立つブロンズ像に出会う。横に「沖縄師範健児之塔《けんじのとう》」が建っている。

師範学校女子部や女学校の生徒たちが補助看護要員として戦場に動員されたことは前に述べた。一方、師範学校や

沖縄師範学校男子部の生徒で編成された鉄血勤皇隊の犠牲者を祀る沖縄師範健児之塔。1946 年、建立。右は沖縄師範健児之像。

中等学校の男子生徒たちは一律に「鉄血勤皇隊《てっけつきんのうたい》」の名で補助戦闘要員として召集《しょうしゅう》された。最年少は２年生、現在の中２と同じである。文字どおりの少年兵士だった。

県立一中では、２年生 115 名が通信隊に動員され、３～５年生およそ 220 名余が第五砲兵司令部に編入された。アメリカ軍の本島上陸直前の３月 29 日、一中鉄血勤皇隊員には陸軍二等兵の襟章《えりしょう》のついた軍服と軍帽、軍靴《ぐんか》、飯《はん》盒《ごう》などが支給され、１週間後には「遺書」を書かされた。

一中は現在の県立首里高校の前身である。すぐ近くに首里城があり、その地下一帯には司令部壕が構築されていた。そのためそこは、沖縄戦の当初からアメリカ軍の砲爆撃の標的《ひょうてき》となった。その砲爆撃の下での鉄血勤皇隊員たちの任務は、陣地構築作業（壕掘り）を中心に、食糧調達と炊事、食事運搬、伝令、衛兵（番兵）などだった。

砲弾による死傷者を出しながらも、首里での鉄血勤皇隊は前線に立つことはなかった。しかし5月末、首里の司令部が落ち、南部へ撤退《てったい》した後は、中学生兵士たちも戦闘のただなかに立たされることになる。そこではもはや前線も後方もなかったのだ。兵隊と行動を共にした中学生たちは、砲弾の下を水汲みに走り、食料を求めてさまよい、あるいは兵隊たちと敵陣への夜間の「斬《き》り込み」に参加し、また北部の国頭《くにがみ》へ向かって敵中突破を決行した。

沖縄戦から55年たった2000年6月、兼城一《かねしろはじめ》さんは、生き残った鉄血勤皇隊の学友たちや遺族、約400人から20年をかけて聞き取った証言をもとに『沖縄一中・鉄血勤皇隊の記録』（高文研）を出版した。それによると、一中鉄血勤皇隊全体では、動員された約340名のうち、約210名が戦没している。戦没率は実に60％をこえる。

沖縄本島における師範学校と各中等学校での鉄血勤皇隊（通信隊を含む）への動員数とその犠牲者数は、次の通りである。

	動員数	犠牲者数	
師範学校男子部	386	226	
県立一中	340	210	
県立二中	270	115	
県立三中	363	42	
県立農林学校	130	23	
県立水産学校	48	31	
県立工業学校	134	150	（生徒全体の犠牲者）
那覇市立商業学校	117	114	（　〃　）

私立開南中学校　　81　　70（　　〃　　）

（ひめゆり平和祈念資料館開館10周年記念イベント「沖縄戦の全学徒たち」展・報告書より）

✣ひめゆりの塔とひめゆり平和祈念資料館

ここでもう一度、ひめゆり学徒隊のその後の足どりに戻ろう。南風原《はえばる》から泥の道を、砲弾におののきながら南部へ撤退《てったい》してきたひめゆり学徒隊は、本部壕、第一外科壕、第二外科壕、第三外科壕、大田壕の5つの壕に入った。冒頭に紹介した宮城さんはグループの学友たちとともに「鉄の暴風」の下をさまよった後、ようやく伊原《いはら》の第一外科壕に落ち着いた。6月10日のことだ。外科壕といっても、もう看護の仕事もない。水滴《すいてき》のしたたり落ちてくる暗いガマの中に、じっと押し黙ってすわっているだけだった。

6月14日、一部の生徒たちが近くの第三外科壕へ移っていった。第三外科壕はカラッとしていてまだ過ごしやすいといううわさだったからだ。ところがその5日後、6月19日未明、第三外科壕はアメリカ軍のガス弾攻撃を受ける。

このガス弾によるひめゆり学徒隊の犠牲者は、教師5名と生徒41名の計46名、わずかに生徒5名だけが生き残った。（この攻撃ではほかにも陸軍病院関係者、学徒兵、住民など39名の犠牲者を出した。生存者は6名のみ。）

この第三外科壕は、現在のひめゆりの塔の真下にある。当時の壕の様子は、すぐそばのひめゆり平和祈念資料館の中に再現されている。

この19日の前日、司令部は陸軍病院に対し「解散命令」

を下《くだ》していた。当然、ひめゆり学徒隊にも解散が伝えられる。壕はすでに、本部壕も第一外科壕も第二外科壕も攻撃を受けている。壕にいては死を待つだけだ。しかし、壕を出て、どこへ逃げよというのか——。

軍命《ぐんめい》によって戦場へ駆《か》り出し、最後は一方的な「解散命令」で勝手にせよと突き放したこの軍の責任放棄は、生徒たちに非常なショックを与えた。生き残ったひめゆりの人たちは、この解散命令を「死の解散命令」という。事実、ひめゆり学徒隊の戦没者の大半はこの「解散命令」のあとの10日たらずの間に集中しているのだ。その最期《さいご》は、砲弾に砕かれた人もあれば、断崖《だんがい》に追いつめられて手榴弾《しゅりゅうだん》で死んでいった人たちもいる。ともあれ、生き残った人たちは、だれもが“奇跡的に”生き残ったといって、けっして言い過ぎではない。

その生き残った人たちの“執念”が実って、1989年6月23日、戦後44年目に、ひめゆり平和祈念資料館が開館した。開館15年の2004年で入館者は1千万人、2013年1月には1千900万人を超《こ》えている。そこでは毎日、沖縄戦で生き残った元ひめゆり学徒隊の方たちが交代で「証言員」として直接、入館者に語りかけている。

何が、ひめゆりの人たちを突き動かしているのか——。1989年の設立当時の言葉にこうある。

「……あれから40年以上たちましたが、戦場の惨状は、私たちの脳裏《のうり》を離れません。私たちに何の疑念も抱かせず、むしろ積極的に戦場に向かわせたあの時代の教育の恐ろしさを忘れていません。……未《いま》だ紛争の絶えない国内・国際情勢を思うにつけ、私たちは一人ひとりの体験した戦争の

ひめゆり平和記念資料館。ひめゆりの少女たちの遺影が並ぶ展示室。

白い大きな「本」には、“奇跡的に”生き延びた人たちの体験が証言されている。

今も空き地のままの「一家全滅」の家の屋敷跡。糸満市米須。

恐ろしさを語り継《つ》いでいく必要があると痛感せざるをえません。平和であることの大切さを訴え続けることこそ、亡くなった学友・教師の鎮魂《ちんこん》と信じ、私たちはこの地に、ひめゆり平和祈念資料館を建設いたしました。……」

✣「魂魄の塔」と「命どぅ宝」

ひめゆりの塔のあるあたり、バスの窓から注意して外を見ていると、四角い空き地があるのに気がつく。真ん中に小さな小屋が建っているのが特徴だ。ここは、戦争で一家全滅となった家の屋敷跡。小さな小屋の中には、死者を弔《とむら》うための香炉《こうろ》が置かれている。

このあたりの地域名は、米須《こめす》という。ここが“地獄の戦場”となる前、人口は1040人だった。戦争が終わったとき、人口は460人になっていた。差し引き580人が亡くなったことになる。戦没率、実に56%だ。当然、一家全員が死に絶えた家も少なくなかった。その数、63戸、当時の全戸数の３割弱になる。その家の屋敷跡が、いまも住む人がないまま１つだけ残っている。

この米須を海の方へ向かって入ってゆくと、米須海岸に出る。そのすぐ手前、慰霊碑の立ち並ぶ霊域がある。その中心にあるのが「魂魄《こんぱく》の塔」だ。かなり大きく円形に土を盛り上げた頂上に「魂魄」と刻んだサンゴ石が立っている。どうして、こんな形になったのか。

戦争が終わって半年後の1946年１月、この米須に真《ま》和《わ》志《し》村《そん》（現在の那覇市の一部）の人たちが集団で移ってきた。真和志村がまるごとアメリカ軍のキャンプ地として接収されたためだ。“地獄の戦場”のあとには、当然、おびただしい遺骨が散乱していた。そのまま放置してはおけない。しかし遺骨を収集してまつったりすれば、アメリカ軍は“敵対行為”ととるかも知れない。しりごみする人たちを説得し、アメリカ軍と交渉して許可をとり、遺骨収集の先頭に立ったのが、村長の金城《きんじょう》和信《わしん》さんだった。

こうして同年２月、集めた遺骨を一カ所に積み上げ、アメリカ軍払い下げの寝台の鉄骨を使って作った“納骨堂”が、この「魂魄の塔」だったのだ。納められた遺骨の数は４万柱《はしら》に近いという。（金城さんの娘さん二人はひめゆり学徒隊だったが、二人ともこの南部で命を断《た》った。その後、次女の貞子さんが先に述べた第三外科壕で亡くなったことがわかり、金城さんは真和志村の人たちの協力を得て同年４月、第三外科壕の前に「ひめゆりの塔」を立てた。現在、「魂魄の塔」のそばに金城さんの胸像がある。）

「魂魄の塔」には、もちろんこの南部に住んでいた人たちの遺骨が納められたが、また中部地域から避難してきていた人々、そして日本軍将兵の遺骨も含まれていた。

先に、この沖縄には全国の都道府県のすべての碑があると述べた。「沖縄県の碑」だけがない。それでも、1つだけ「沖縄の碑」をあげるとすれば、この「魂魄の塔」がそれに当たる。肉親の死を、遺体や遺骨で確認できなかった多くの遺族にとっては、ここがその遺骨を納めた「墓所《ぼしょ》」となっているからだ。

だからいまでも6月23日の「慰霊《いれい》の日」には、「魂魄の塔」の周囲は、ここに詣《もう》でる人たちの捧《ささ》げた花束で埋めつくされ、一日じゅう香煙《こうえん》が絶えない。(遺骨については、沖縄の日本復帰後の1978年、摩文仁《まぶに》の丘に国立沖縄戦没者墓苑《ぼえん》がつくられ、各地の納骨所の遺骨はすべてそこに集められることになった。「魂魄の塔」の遺骨も“象徴骨”だけを残して摩文仁の墓苑に移葬された。)

「魂魄の塔」の左隣りには「北霊碑《ほくれい》」と刻まれた碑が立っている。北海道の碑だ。建立《こんりゅう》されたのは1954(昭和29)年と最も早い。理由は、北海道出身の兵士がこの沖縄戦で最も多く戦死しているからだ。沖縄県外出身の将兵の戦死者数は、前にも述べたように6万6千人、そのうちの15%、1万人強が、北海道出身兵だったのだ。

沖縄に「命《ぬち》どぅ宝」という言葉がある。「命こそ宝」、生きてあればこそ、という意味だ。沖縄戦では、北海道はじめ全国各地からやってきた兵士たちが6万6千人も命を落とした。そして戦場にされたここ沖縄では、マラリア死や餓死《がし》などを含めれば、その2倍をはるかに超える15万人

の県民が命を奪われた。当時の県の人口は約60万人だったから、県民の4人に1人（！）に当たる。しかもその中には赤ん坊や子ども、老人が数多く含まれていた。

だから沖縄では、「命どぅ宝」は特別の響きをもつ。その意味をかみしめること、そして、同じ人間のしわざとして、どうしてこんな恐ろしいことが起こったのかを考えること——。沖縄へ来て、戦跡をたどることの意味は、それをおいてはない。

❖“沖縄のこころ”伝える「平和の礎」

沖縄戦でどれほどの人の命が失われたか、それを目でたしかめることのできる場所がある。摩文仁《まぶに》の丘の下につくられた「平和の礎《いしじ》」だ。沖縄戦からちょうど50年、1995年6月23日に除幕された。「いしじ」とは「いしずえ」のこと、20数万の人の命を「礎」として、その上に揺るがぬ平和を築こうという誓いを込めてつくられた。

沖縄戦の最後、アメリカ軍の砲火によって人々が追いつめられた断崖《だんがい》——アメリカ軍は「シューサイド・クリフ」（自殺の断崖）と名づけた。土地の人はギーザバンタと呼ぶ——その断崖の上、「平和の火」を起点に波形の御影石《みかげいし》の石碑（刻銘碑《こくめいひ》）が放射状に何重にも立ち並ぶ。その114基の刻銘碑の上に、死んでいった人々の名前が一人ひとり刻まれているのだ。

戦死者の名前を刻んだ石碑は、ほかにもある。たとえばワシントンにあるベトナム・メモリアルだ。ベトナム戦争で戦死したアメリカ兵の名が刻んである。しかし「平和の礎」は、それとは決定的に異なる特徴をもつ。国を越え、敵・味方を越え、また軍人と住民、加害者と被害者の別なく、沖縄戦で命を落としたすべての人の名が刻んであるのだ。なぜそうしたのか。生前の地位や立場、国籍などいっさいを消し去り、すべての戦没者を一個の名前に還元することによって、逆に人の“命の重さ”をストレートに伝えようという意図からだといわれる。

「慰霊の日」の「平和の礎」。親族の亡くなった場所も遺骨も不明のままの遺族にとって、その名の刻まれた石碑が追悼のための“聖域”となった。

しかし一方、そうしたことで、戦争を引き起こし、遂行した責任の所在があいまいになり、また住民被災の実態が見失われてしまうという批判もある。

ここに名を刻まれている人の数は、2013年6月23日現在で、沖縄県出身者が14万9291人、県外出身者が7万7364人、ほかにアメリカ1万4009人、イギリス82人、台湾34人、北朝鮮82人、韓国365人で、総数24万1227人である。

このうち沖縄県出身者だけは、沖縄戦だけでなく、1931年の満州《まんしゅう》事変《じへん》から始まって沖縄戦にいたる15年間の戦没者の名が刻まれている。沖縄戦は単発で起こったのではなく、満州事変から始まる、ひとつながりの「十五年戦争」の帰結《きけつ》として引き起こされたという考えからだ。

ところで、1995年の除幕《じょまく》の段階で刻銘されていた人の数は、総数23万4183人だった。この18年で7044人がふえたことになる。これまで述べてきたように、沖縄戦では沖縄本島の中南部は地形が変わるほど破壊しつくされた。遺骨の行方もわからず、一家全滅の家も少なくない。そのため不明のままだった死者の名前が、その後の調査で確認され、追加して刻まれたのが、ふえた理由の一つだ。

先に、親族の亡くなった場所も遺骨もわからない遺族は「魂魄《こんぱく》の塔」に詣《もう》でて供養《くよう》することを述べた。いまではこの「平和の礎《いしじ》」もそうした“聖地”となった。6月23日の「慰霊《いれい》の日」には亡くなった親族の名の刻まれた碑の前に花を手向《たむ》け、供養《くよう》する人の姿が数多く見られる。

✣闇の中に眠る朝鮮人「軍夫」「慰安婦」戦没者

この「平和の礎」除幕以降に目立ってふえた刻銘者数に、韓国の戦没者がある。除幕当時の数は51名で、韓国政府の協力を得て刻まれたものだ。その51名が、2004年には341名になった。数そのものは多くないが、7倍近くにふえている。これは韓国の洪鍾佖《ホンジョンピル》・明知大学教授の努力による。洪教授は、韓国と沖縄の交流史を研究する歴史学者で、1997年には韓国沖縄学会を発足させた人だ。

先に、嘉数《かかず》公園に立つ「青丘《せいきゅう》の塔」を紹介したさい、沖縄戦では当時、日本の植民地だった朝鮮半島から多くの人が「軍夫《ぐんぷ》」として沖縄に強制連行され、陣地構築や飛行場建設、弾薬運びなどに従事させられたことを述べた。洪

平和祈念公園の中の石を積み上げた石塚と「韓国人慰霊塔」。

教授の推定では、その数は１万から１万５千人という。

このうちの恐らく数千人は“地獄の戦場”で命を断《た》たれたはずだ。しかし日本政府はその調査を行なっていない。沖縄県が入手したのは、わずかに420名だけの厚生省作成の戦没者リストだ。しかもその名前も、日本名になっている。植民地支配当時、日本政府は徹底した同化《どうか》政策（「皇民化《こうみんか》」政策）をとり、学校での日本語強制などとともに、韓国名の名前を捨てさせ、日本名に変えさせたのだ（これを「創氏改名《そうしかいめい》」という）。

この日本名のリストをもとに、沖縄県から依頼を受けた洪教授は、細い糸をたぐりながら韓国各地を回って遺族を捜しあて、1996年からの８年間で290名の「平和の礎《いしじ》」への追加刻銘《こくめい》を果たしたのだ。

しかし苦労して捜しあてても、中には、「どんな形であれ、日本に協力する気になれない」と拒否する遺族もあった。洪教授自身、24歳のおじが「軍夫」として沖縄に送られ亡くなっている。拒《こば》む遺族の気持ちはわかる。それに韓国には、「強制連行された被害者であっても、日本軍に加担した事実は消せない」とするきびしい見方が根強くあるという。植民地支配が残した深い傷は、半世紀以上がたっても癒《い》えてはいないのだ。

「軍夫」のほかにも、「慰安婦《いあんふ》」として朝鮮半島から沖縄に連れてこられた若い女性たちが数多くいた。その数は千人を超《こ》えるとみられている。「慰安婦」とは日本軍の「売春施設」に収容され、将兵の性的対象にされた女性たちだ。国連人権委員会では「性奴隷《どれい》」と呼ばれる。

この軍の売春施設が、沖縄にも130カ所ほど設けられていたことが、日本軍の資料や住民の証言でわかっている。うち64カ所に朝鮮の女性たちが収容されていたという。

この売春施設は、沖縄本島の中南部に集中していた。当然、この人たちも「鉄の暴風」に巻き込まれた。ひめゆり学徒隊の宮城《みやぎ》さんたちも、南部へ逃れてきて砲弾の下をさまよっているとき、たくさんの朝鮮人男女と出会っている。しかしその死者の数は闇《やみ》の中に放置されたままだ。

「平和の礎《いしじ》」と同じ平和祈念公園の中に、石を円形状に積み上げた石塚があり、その前に「韓国人慰霊塔」が建っている。1975年に建てられた。碑面にはこう、刻まれている。――「1941年、太平洋戦争が勃発《ぼっぱつ》するや、多くの韓国青年達は日本の強制的徴募《ちょうぼ》により、大陸や南洋の各戦線に配置された。この沖縄の地にも、徴兵徴用として動員された1万余名があらゆる艱難《かんなん》を強《し》いられたあげく、あるいは戦死、あるいは虐殺《ぎゃくさつ》されるなど、惜しくも犠牲になった」

沖縄には300を超える慰霊碑があるが、その碑文に「虐殺」の2文字が刻まれているのは、この碑と、久米島《くめじま》にある「痛恨《つうこん》の碑」だけだ。久米島では、日本人住民と朝鮮人の一家、あわせて20名が、鹿山《かやま》隊長の率いる日本軍によって殺害された。

1997年、渡嘉敷《とかしき》島に、「アリラン慰霊モニュメント」が建てられた。沖縄戦の始まる前年の11月、朝鮮半島から連れてこられた裵奉奇《ペポンギ》さんが「慰安婦」として滞在させられた島だ。1977年、ペ・ポンギさんは「慰安婦」として最初の証言者となった。いわば「慰安婦」問題の出発点に立つ人だ。戦後も故国に帰れぬまま沖縄に残り、1991年、貧困と病の孤独な77年の生涯を閉じた。モニュメントは、その死を悼《いた》み、その無念さを忘れないためにと、山梨県の平和団体が基金協力を呼びかけてつくられた。

❖新平和祈念資料館と展示改ざん問題

「平和の礎《いしじ》」の横、ギーザバンタと青い海を望む地に沖縄県立平和祈念資料館が建っている。もともと手狭《てぜま》だった旧資料館に代えて新たに建設された平和祈念資料館は、2000年4月1日に開館した。70数億円の事業費をかけ、床面積はで10倍、展示面積で5倍となった。沖縄独特の赤瓦《あかがわら》が映える新資料館の姿は美しい。しかし、展示内容をつくってゆく過程で、沖縄中をゆるがす大問題が起こった。

展示の内容については、1996年に沖縄戦の研究者を含む監修委員会が設置され、その監修のもとに展示設計シナリオがつくられた。ところが、開館を翌年にひかえた

ガマの中の住民と日本兵。この日本兵の手から一度は「銃剣」が取り去られたが、世論の激しい抗議によって「銃剣」は元に戻った。

1999年8月、『琉球新報』のスクープで、展示製作を委託された業者に対し県当局が、監修委員会に無断でシナリオ変更を指示していたことがわかった。問題は県議会でも取り上げられ、結局、設計変更の指示は県知事と2名の副知事ら県首脳から出されていたことが判明した。

県首脳の指示は、展示が「反日的になってはいけない」「ガマの中の場面で日本兵の残虐《ざんぎゃく》性が強調されすぎないように」といった趣旨で、変更箇所は百数十カ所に及んでいた。その一つが、ガマの中で赤ん坊が泣き声をたてないように必死に口を押さえている住民たちを前に、威圧的に立つ日本兵の手から「銃」を取り去るという指示だった。しかしこれでは沖縄戦の事実を裏切ることになる。

前に紹介した安里要江《としえ》さんの『沖縄戦・ある母の記録』

平和祈念資料館の内部。沖縄戦の実相を知って欲しいという願いを込めて、数々の証言や映像が展示されている。(© OCVB)

にはガマの中の様子がこう書かれている。――「どの母親も、子どもが泣かないように泣かないようにと、ビクビクしてすごしていました。あの恐怖といったら言葉になりません。子どもが泣くと、銃剣をつきつけてくるんです。実際に友軍兵が子どもを殺したという話も聞きました。……」

沖縄の世論は沸騰《ふっとう》した。その結果、変更指示は撤回《てっかい》、展示内容は元に戻された。

常設展示は5つの展示室で構成される。――「沖縄戦への道」「鉄の暴風」「地獄の戦場」「証言」「太平洋の要石《かなめいし》」の5つだ。展示内容は当然、旧資料館にくらべずっと豊富になっている。それだけに、限られた短い時間で全部を見て回ることはむずかしい。そのときは、館内をざっとひとわたり見て歩いた後、引き返して、大スクリーンのフィルム映像を時間をかけて見るか、「証言の部屋」の証言のいくつかをじっくり読むか、あるいは「映像証言ブース」で生の体験に耳を傾けることをおすすめしたい。たとえ一部でも、沖縄戦とはどういうものであったか、その本質に通じるものがつかめるはずだ。

✣対馬丸の悲劇と小桜の塔

ここで、沖縄載の時間を一挙にさかのぼる。これまで沖縄戦は、1945年3月23日のアメリカ軍大艦隊によるいっせい砲爆撃と、それにつづく慶良間《けらま》諸島への上陸、さらに4月1日の沖縄本島上陸で始まったと述べてきた。しかし広い意味での沖縄戦はすでにその前から始まっており、そこでも沖縄の人々は耐えがたい犠牲をはらっていたのだ。

1944年7月、日本政府は沖縄県庁に対し、沖縄本島、宮古《みやこ》島、石垣《いしがき》島の老幼婦女子を、九州へ8万人、台湾へ2万人、疎開《そかい》させるようにと通達してきた。疎開とは、戦火を避けて別の土地へ行くことをいう。この合計10万人の数字はちょうど、満州などから沖縄へ移ってきた日本軍、約9万人にほぼ釣り合う。子どもや老人の九州、台湾への疎開は、沖縄が戦場となることを想定して、戦闘の足手まといになるものたちをよそへ移すと同時に、兵員の食糧を確保するためだった。

しかし沖縄を離れるには、船に乗らなくてはならない。当時すでに、船に乗ることは命がけになっていた。

ハワイ真珠《しんじゅ》湾への奇襲攻撃のあと、日本軍の戦線が遠くオーストラリアの東、ガダルカナル島まで伸びていたことは先に述べた。この戦線を維持するためには、日本本土から兵員はじめ武器、弾薬、食糧などの物資を船で運ばなく

対馬丸記念館の内部。子どもたちの遺影が痛々しい。(© OCVB)

てはならない。その輸送船をねらって、アメリカ海軍司令部は真珠湾攻撃の後ただちに「無制限潜水艦戦」を宣言していた。伸びきった補給路をゆく日本の輸送船は、アメリカ軍潜水艦のかっこうの標的となった。

この米海軍の潜水艦攻撃によって、日本の商船2568隻、保有船腹《せんぷく》の実に88%が海底に沈められ、船員3万人余が戦死した。その戦死率は43%にも達し、軍人の戦死率21%の2倍強となる（全日本海員組合編『海なお深く』解説、新人物往来社。なお、商船以外にも根こそぎ動員された漁船や機帆《きはん》船などの戦死者を含めれば戦没船員の総数は6万人余となる)。

こうして、とくに戦争末期の海はすでに“魔の海”と化していた。その“魔の海”を渡って疎開せよというのだ。九州、台湾への疎開をすすめられても、沖縄の人たちがしりごみしたのは無理もなかった。

結果的に、九州へ6万人、台湾へ2万人が疎開した。そのうち、九州の宮崎、熊本、大分各県への学童疎開が6111人を占めた。学童疎開とは小学校（当時は国民学校といった）児童の疎開のことで、本土でも京浜、阪神、名古屋、北九州などの都市部から数十万人の子どもたちが山村へ疎開した。そのだれもが、ひもじさ（飢え）に泣いた。それに加え、亜熱帯から来た沖縄の子どもたちははじめて体験する九州の冬の寒さに泣いた。

それでも“魔の海”をぶじ九州へ渡れた子どもはよかった。中には、アメリカ軍潜水艦の魚雷《ぎょらい》攻撃を受け、船もろとも海底に沈んだ子どもたちもいたのだ。対馬《つしま》丸である。

1944年8月21日、対馬丸は他の2隻の輸送船とともに鹿児島へ向け那覇を出港した。船には、沖縄県内各地の国民学校児童826人と、その引率《いんそつ》教師や一般疎開者835人、合わせて1661人が乗っていた。3隻の輸送船はタテ1列に並び、それを護衛艦の砲艦が先導《せんどう》し、最後尾《さいこうび》を駆《く》逐艦《ちくかん》が守った。那覇－鹿児島間の船旅は、定期船なら一昼夜である。しかし対馬丸は老朽《ろうきゅう》船で船足《ふなあし》がのろく、そのため船団は2泊3日をかけなくてはならなかった。

それでも奄美《あまみ》大島を過ぎ、トカラ列島の悪石《あくせき》島沖まで来た。しかしそこで、対馬丸はついにアメリカ軍潜水艦ボーフィン号につかまる。8月22日夜の10時過ぎ、対馬丸の船腹を魚雷《ぎょらい》が直撃した。轟音《ごうおん》とともに高い火柱《ひばしら》が上がり、船はわずか10分で沈没した。

暗い海面に助けを求める悲鳴と泣き声が交錯《こうさく》し、それは夜通しつづいたが、やがて消えてゆき、夜が明けた海面には数え切れないほどの死体が波に揺られていたという（琉球新報社『学童たちの疎開』から、生存者の話)。

対馬丸撃沈の犠牲者数は1484人にも上った。からくも救助された人は177人、うち学童は59人だけであった。

いま、那覇市若狭《わかさ》の波《なみ》の上宮《うえぐう》に近い旭ヶ丘公園には対馬丸の犠牲者を祀《まつ》る「小桜の塔」が立ち、そのそばの刻銘碑《こくめいひ》には亡くなった学童775人の名前が刻まれている。

同じ旭ヶ丘公園に、悲劇の日から満60年がたった2004年8月22日、遺族の人たちの「命《ぬち》どぅ宝」の思いが込められた対馬丸記念館が開館した。亡くなった子どもたちの遺影と遺品が展示され、証言が悲劇の重さを伝える。

一方、対馬丸を撃沈した潜水艦ボーフィン号は、いまもハワイ・オアフ島の真珠湾に浮かんでいる。太平洋でのアメリカ海軍の活躍を伝えるモニュメントとしての「ボーフィン記念館」だ。当時使用していた魚雷も展示してある。しかしその魚雷で、一夜にして800名近い子どもたちを海の底に沈めたことはどこにも示されていない。

✣宮古・八重山の沖縄戦とマラリア死

前に述べた「平和の礎《いしじ》」には、イギリスの戦没者82人の名前が刻《きざ》まれていた。その戦場はどこだったのだろうか。

沖縄本島からずっと南、宮古《みやこ》諸島と、石垣《いしがき》島、西表《いりおもて》島などからなる八重山《やえやま》諸島を攻撃したのが、空母5隻を中心に、戦艦2隻、巡洋《じゅんよう》艦5隻、駆逐《くちく》艦15隻からなるイギリスの機動部隊だった。

宮古諸島には3万余の日本軍が配備されていた。沖縄本島と同様、ここでも耕地を接収して3つの飛行場を建設、

戦争マラリアの犠牲者の慰霊碑。亡くなった人たちの氏名とあわせ、悲劇を伝える「忘勿石」と識名校長の胸像が設置されている。

島の人々を動員して全島に陣地を構築するとともに、これも本島と同様、成人男子は現地召集《しょうしゅう》して防衛隊員とし、中学生は通信隊に、女学生は看護隊に編成した。

沖縄戦が始まると、くる日もくる日も砲爆撃がつづいた。とくに5月4日のイギリス艦隊による艦砲《かんぽう》射撃は激しく、宮古島の市街地をはじめほとんどの集落が廃墟《はいきょ》と化した。そのため宮古の戦後は、完全なゼロからの出発となった。

八重山には、8千人近くの守備軍が配備された。ここでも土地を強制接収、住民を動員して石垣島にも3つの飛行場が建設された。

八重山もたびたび空襲を受けたが、それによる死者は約180人とさほど多くはない。しかしその20倍、3647人もの人が、「戦争マラリア」で命を落とした。では「戦争マラリア」とは、いったい何なのか。

マラリアは、蚊《か》の一種、ハマダラカが媒介《ばいかい》する熱帯・亜熱帯の恐ろしい感染症だ。周期的に高熱、貧血症状を発し、やがて合併症を起こしてショック死する。

その恐ろしいマラリアの有病地帯へ、軍は作戦上のつごうを理由に、人々を追いやった。石垣島の海岸部の住民は同島中央部の於茂登岳《おもとだけ》のふもとへ、新城《あらぐすく》島、黒《くろ》島、鳩間《はとま》島、波照間《はてるま》島の住民は西表《いりおもて》島へ、それぞれ場所を指定して強制疎開《そかい》させたのだ。

結果はどうなったか。それまで注意深くマラリアを避けてきた人々に、病魔は容赦《ようしゃ》なく襲いかかり、石垣島の約2500人を含め3600余人の命を奪った。この数は当時の八重山の人口の１割を超《こ》える（一家全滅62世帯）。

波照間島の場合は悲惨だった。約1500人の島の人々は、1945年４月、西表島の南風見田《はえみだ》に強制移住させられたが、早くも７月には学童を含め50人の人が死んだ。そのため波照間国民学校の識名《しきな》校長は、小舟で石垣島に渡り、八重山守備軍の旅団長に惨状《さんじょう》を直訴《じきそ》、波照間への帰島の許可を得た。南風見田を離れるさい、識名校長は自然石の上に文字を刻《きざ》んだ。——「忘勿石《わするないし》　ハテルマ　シキナ」

こうして波照間の人々は島に帰ることができたが、しかしマラリアはその後も猛威をふるい、約500人が命を落とした。島の人々の３分の１が亡くなったのだ。

人々はたんにマラリアで亡くなったのではない。軍の命令によって、はじめからマラリアの危険地帯とわかっていた場所に強制移住させられ、「殺された」のだ。そこで、このマラリアは「戦争マラリア」と呼ばれる。

1989年、「戦争マラリア」で肉親を失った遺族たちは、「沖縄戦強制疎開マラリア犠牲者援護会」を結成した。会長を引き受けた篠原武夫・琉球大学教授も於茂登《おもと》岳ふもとで母と姉、妹を失っている。援護会は以後、国の補償を求めて運動をつづけてきた。沖縄県もそれを後押しした。

しかし国は、この補償要求に応じなかった。応じれば、国内外の他の戦争犠牲者からの国家補償問題に波及《はきゅう》するのを恐れたからだ。援護会は結局、1995年、遺族の高齢化を考え、個人への補償を断念して、3億円の予算計上による慰霊碑の建立《こんりゅう》と、平和学習の拠点となる八重山平和祈念《きねん》館を建設することで補償問題の決着に同意した。

いま石垣市のバンナ公園には、八重山戦争マラリア犠牲者慰霊之《の》碑が建てられている。その碑には、犠牲者一人ひとりの名を刻んだ3千余の石が納《おさ》められている。

❖沖縄戦から何を学ぶか

沖縄戦からすでに70年近くがたった。若い人たちにとって、70年といえば、現代史の彼方にかすんで見える年数かも知れない。ところが、沖縄戦をめぐる裁判が、何とこの21世紀に入って引き起こされたのだ。

問題になったのは、この章の初めの方で述べた「集団自決」である。慶良間《けらま》諸島の座間味《ざまみ》島（死者177人）の元戦隊長本人と、渡嘉敷《とかしき》島（同329人）の元戦隊長の弟が、作家・大江健三郎氏の『沖縄ノート』（1970年発行、岩波新書）の記述によって名誉を毀損《きそん》されたとして、2005年8月、大江氏と発行元の岩波書店を告訴《こくそ》したのだ。

具体的には、大江氏は両元戦隊長が「集団自決」の命令を下《くだ》したとして激しく誹謗《ひぼう》しているが、決してそのような命令は下していない、というのが争点だった。それを裏付ける新たな証言者も現れた。

その証言者のウソはすぐに指摘されたが、逆に訴訟《そしょう》がつづく中で半世紀をこえる沈黙を破って今こそ真実を語っておかねば、という新たな証言も出されてきた。事件当時、座間味村の助役《じょやく》であり、兵事《へいじ》主任であり、さらに防衛隊長として村を取り仕切っていた兄（故宮里盛秀さん）が告げた言葉を聞いたという妹（宮平春子さん）の証言だった。「集団自決」の当夜（1945年3月25日）、家に戻ってきた兄は、父に向かってこう言ったという。

「軍からの命令で、敵が上陸してきたら玉砕《ぎょくさい》するように言われている。まちがいなく上陸になる。国の命令だから、いさぎよく一緒に自決しましょう。敵の手にとられるより自決した方がいい」

そして幼い3人の子どもをひとまとめに抱きかかえ、「これからお父さんと一緒に死のうね。今まで育ててきたのに、生まれなければよかったね。お父さんも一緒だから恐くないよ」と頬《ほお》ずりして嗚咽《おえつ》したという（宮城晴美『新版　母の遺したもの』217ページ）。

この証言は、先に紹介した渡嘉敷島の金城《きんじょう》先生の証言ともぴったり一致する。豪雨の中、夜の道を戦隊長に指定された場所へ向かった島の人たちは、死を予感――ではなく予告されていた。だから「友軍《ゆうぐん》と運命を共にするとの死の連帯感が、全身に充満しているのを感じ」たのだ。

大江氏らを告訴した元戦隊長らは、自分たちは命令を下《くだ》してはいない、下したというなら、その命令書を示せ、と主張した。しかし、艦砲弾の炸裂《さくれつ》する極限状態の中で、わざわざ命令書を書いて渡すといったことがあり得るはずのなかったことは戦争を知らない子どもにもわかる。

第32軍が沖縄にやってきたとき、軍が沖縄の人々にたたき込んだのは、「軍官民共生共死《ぐんかんみんきょうせいきょうし》の一体化」だった。このスローガンの下《もと》、全住民を戦争に動員したのだ。つまり、初めから軍と一緒に死ぬことを命じていたのだ。このような日本軍の戦争に対する考え方・基本方針が、あのような途方もない犠牲を生み出したのである。

だから、2008年3月、大阪地裁が原告の訴えを棄却《ききゃく》した後、控訴《こうそ》審の大阪高裁判決（同年10月）もこう述べて控訴を棄却したのである。

「……敵が上陸した場合は玉砕する、捕虜《ほりょ》になることは許されないということが日本軍の大きな方針であったとすれば、それに従って部隊長として自決の指示をするのはむしろ避けられないのであって、軍隊組織であれば、それは命令を意味するといえる。……助役らは、日本軍ひいては隊長の意を体《たい》して自決を敢行《かんこう》したともいうことができるのである。……」

「集団自決」という極限の惨劇《さんげき》が語っているのは、こういう思想・体質をもつ日本軍が自国内を戦場として戦ったのが、この沖縄戦だったということである。自国内でこうだったのだから、進出していったアジア諸国ではどうだったかも容易に類推できる。同じ日本国民として、私たちが沖縄戦から学ぶべきことは尽きない。

「集団自決」訴訟は、2011年4月、最高裁による上告棄却で、元戦隊長らの全面敗訴《はいそ》で終わった。

ただ、この裁判中、高校日本史教科書の検定において、文部科学省は、この裁判をも理由の一つとして、「集団自決」については軍による強制があったと明示する記述は避けるように、との検定意見をつけた。これに対し、沖縄では、沖縄戦の真実をねじ曲げるものとして激しい抗議がわき起こり、07年9月29日、宜野湾《ぎのわん》市の海浜《かいひん》公園で「教科書検定意見撤回を求める県民大会」が開かれた。集まった人々の数は史上空前の11万人超を記録した。

【参考図書】（書名：編著者：発行元）
『ひめゆりの少女　十六歳の戦場』宮城喜久子（高文研）
『「集団自決」を心に刻んで　一沖縄キリスト者の絶望からの精神史』金城重明（高文研）
『新版　母の遺したもの――沖縄・座間味島「集団自決」の新しい事実』宮城晴美（高文研）
『沖縄戦・ある母の記録』安里要江・大城将保（高文研）
『沖縄一中・鉄血勤皇隊の記録』上・下：兼城　一（高文研）
『白梅・沖縄県立第二高等女学校看護隊の記録』白梅同窓会編（クリエイティブ21）
『改訂版　沖縄戦――民衆の眼でとらえる戦争』大城将保（高文研）
『天王山　沖縄戦と原子爆弾』上・下：ジョージ・ファイファー／小城正訳（早川書房）
『沖縄・日米最後の戦闘』米国陸軍省編／外間正四郎訳（光人社）
『沖縄・学童たちの疎開』琉球新報社編（琉球新報社）
『〈新〉歩く・みる・考える沖縄』沖縄平和ネットワーク編（沖縄時事出版）
『沖縄陸軍病院南風原壕』吉浜・大城・上地他編著（高文研）

II
基地の島・沖縄

宜野湾市の市街地に囲まれた海兵航空隊の普天間飛行場。「世界一危険な飛行場」といわれている。(© OCVB)

❖沖縄国際大学に墜落した巨大ヘリ

2004年8月13日、午後2時半になろうとしている時だった。

同じ小学2年生の長女とめいを連れ、私は沖縄本島中部の宜野湾《ぎのわん》市の西海岸にある沖縄コンベンションセンター劇場棟にいた。

日米地位協定の改定を求める連載企画が終わり、夏休みに入った日だった。約束していたミュージカル「オズの魔法使い」を見るため、娘たち2人を席に着かせた。気になることがあって、通路を戻り、職場の琉球新報編集局に電話を入れようと、胸のポケットから携帯電話を取り出したのと同時に着信音が鳴り響いた。

私が宜野湾市にいることを把握《はあく》していた本社社会部のデスクからだった。

「沖縄国際大学に米軍のヘリが墜落し、燃えている。すぐ、現場に行ってくれ」

短く、抑え気味な声が逆に緊迫感を高めた。私の悪い予感が的中した。

というのも、ついさっき、3、4分ほど前、劇場の外で整理券を持って並んで立っていた時、同じ宜野湾市内の高台の上方に高さ数百メートルの黒煙が上がっているのを目撃していたからだ。黒煙は普天間《ふてんま》基地の方角だった。

以前、1990年代までは、基地内の北東側の一角で航空燃料を燃やす消火訓練が実施されていたが、この日の黒煙は、明らかに消火訓練の方角とは異なり、基地の南東寄りから立ち上っていた。しかも、黒い煙の濃さは燃える航空燃料から噴《ふ》き出す煙とよく似ていた。

「米軍機が落ちたのでは？」という思いが頭をよぎり、娘たちを座らせたら、すぐ会社に電話を入れようと思っていた矢先のデスクからの電話だったのだ。

市街地のど真ん中にあり、その危険性が指摘され続けていた普天間基地で、ついに民間地への墜落事故が起きた。しかも、現場は大学である。私は子どもたちを置いて現場に向かうしかないと決め、席に戻った。隣に座っていた子連れの女性に、「米軍のヘリコプターが落ちたので、劇が終わるまで、この子たち２人を見ていてもらえますか」と頼むと、女性は目を丸くしながらも、「いいですよ」とうなずいてくれた。きょとんとした表情の娘を残して私は、タクシーに飛び乗り、約３キロ離れた現場へと向かった。

事故の発生は午後２時18分。大型輸送ヘリコプターＣＨ53Ｄ型が、米海兵隊普天間基地に着陸する直前、隣接する沖縄国際大学の構内に墜落したのだ。

ＣＨ53Ｄ型ヘリは大型バス２台分ほどもある巨大なヘリだ。そのヘリが、学長室や事務部門が入っていた本館１号館の屋上にのしかかるように激突し、そのまま一気にずり落ち、地面にたたきつけられて炎上した。ヘリは真っ逆《さか》さまに落下しながら、主回転翼（ローター）で建物の横の壁を何本も真一文字に削《けず》り取った。

現場に近づくにつれ、渋滞がひどくなった。タクシーの運転手に住宅街の抜け道を通るように頼んだが、そこでも車が動かなくなった。大学から400メートルほど手前でタクシーを降り、現場に走った。気温は33度。狭い市道で市民とすれ違ったり、追い抜いたりしながら、現場に近づくにつれ、燃えた航空燃料が放つすえた刺激臭《しゅう》がどんどん強まり、鼻を突《つ》いた。とんでもない大事故だと背筋が寒くなった。大学前の道路では、赤色灯を点滅させた日米の消防車両と警察車両が数え切れないほど連なり、大学周辺は騒然としていた。

❖市民、報道陣を排除した米軍

墜落現場の周りに、米軍と沖縄県警が警戒線を張り、大学本館わきの現場に人を入れないように規制していた。沖縄の報道各社のカメラマン、記者が現場に肉薄《にくはく》しようとしても、戦闘用の迷彩服《めいさいふく》に身を包んだ屈強《くっきょう》な海兵隊員がカメラの前に手をかざして撮影を妨《さまた》げ、それをかいくぐって現場に入ろうとすると、体を抱えて押し戻した。

米兵らは、大学の外の道路上でも、報道陣を追い払い、排除する行動を続けた。私も米兵に正門前で肩をつかまれ、腰に手を回されて、道路の反対側に押し出された。何とか中に入ろうとする報道陣と、それを阻止する米兵たちとの攻防が繰り返された。鬼の形相《ぎょうそう》で、必死に抵抗する同僚のカメラマンの姿も目に入った。

民間地であり、純然たる私有地であるはずの沖縄国際大学構内の墜落現場を、なぜヘリを落とした側が占拠し、勝手に警戒線を張り巡《めぐ》らしているのか？　日本の領土で起きていることとは信じられない、傍若無人《ぼうじゃくぶじん》な振る舞いに、だれもが怒りに震《ふる》えた。

沖国大構内と道を隔てた地点に、少し小高くなった駐車場があった。報道陣が集まるその場所から現場を見下ろして、思わず息をのんだ。航空燃料が燃えた強烈な刺激臭が

沖縄国際大学の構内に墜落、炎上した米軍大型ヘリの残骸。民間地域であるにもかかわらず米兵にガードされて、報道陣はもとより、消防署員、沖縄県警の捜査員も近づくことができなかった。

漂《ただよ》う中、真っ黒に焦《こ》げた機体があめのようにひしゃげていた。その横には高さ7～8メートルの立ち木（アカギ）がマッチ棒の燃えかすのように焼け焦げ、天に向かって突っ立っていた。

墜落時の衝撃で、飛び散った機体の破片《はへん》は周辺の住宅を直撃した。墜落現場と道を隔てた住宅の2階では、破片が、乳児が眠っていた寝室のガラス窓を突き破って室内に飛び込んだ。さらに、巨大な回転翼が回りながら住宅街に落ち、ミニバイクを壊した。現場周辺の住宅の石油ボイラータンクや水タンクに突き刺さり、マンションの壁などを壊した。激しい音を聞いた後、職場の建築事務所の窓から大学の方向に目をやった男性は、回転翼が飛んでくるのを目撃し、机の下に突っ伏した、という。男性は「生きた心地がしなかった」と話し、墜落直後の写真を提供してくれた。

現場周辺に同僚記者が多くいることを確認した私は、墜落の原因をたどることができる現場に向かおうと思った。旧知《きゅうち》の県警の捜査員に電話を入れ、それに結び付く情報はないかと尋《たず》ねると、近くの志真志《しまし》公民館裏のがけ下に大きな部品が落ちていると教えてくれた。

その部品の落下現場に行くと、取材記者は私一人だったが、ここでもすでに米軍の警戒線が張られていた。私がビニールシートで覆《おお》われた物体にカメラを向けると、4、5人の海兵隊員が人垣をつくって撮影させまいとする。右へ左へ動くと彼らも追ってきて人垣をつくる。その執拗《しつよう》さに激しい怒りを覚え、飛び上がって地団駄《じだんだ》を踏むしぐさをし、思いっきり大声で「邪魔するな、どけ」と叫ぶと、少しだけひるんだのか、米兵の人垣に穴が空いた。その間に5コマだけ連写し、落下現場の写真を押さえた。

この後、私は一時現場を離れ、娘たちを迎えにいったが、舞台はすでに終わり、娘とめいだけが広い劇場で鬼ごっこをして遊んでいた。関係者から「子どもを置いてきぼりにしたら、米国なら保護責任を問われて逮捕されるかもしれませんよ」と嫌みを言われたが、返す言葉はなかった。

❖墜落原因はボルトの締め忘れ

後で分かったことだが、この墜落の直接の原因となったのは、機体の高度や飛ぶ方向、飛行姿勢を制御《せいぎょ》する後部のローター（回転翼）がある尾翼《びよく》部分の脱落だった。イラクに向かうため、沖縄近海を航行していた強襲揚陸艦《きょうしゅうようりくかん》との間を調整飛行して機体の整備具合をチェックしていた事故機は、横揺れが生じるなどの異常が生じ、約1トンの重さ

ヘリが墜落した沖縄国際大学構内。校舎は建てかえられたが、真っ黒に焼け焦げたアカギの木が当時の惨状を語っている。

がある尾翼ローター部分が脱落したのだった。

イラクでの飛行に備え、相次いで飛来したヘリの整備に追われ、1日13～17時間の過酷な勤務が2週間近く続いていた整備兵が、尾翼を固定するボルトを締め忘れ、高度や飛行姿勢を制御する尾翼ローター部分が、飛んでいる最中に脱落してしまった。この信じ難い事故原因は、1年後にやっと判明する。

尾翼ローターを失い、きりもみ状態になったヘリは、大学と道を隔てて建つ8階建てマンション屋上の数十センチ上をかすめて、沖縄国際大学に突っ込んだ。夏休み中だったため、墜落した本館のそばに学生はいなかった。民間人の死傷者が出なかったが、これはまさに奇跡というしかない。

❖日米地位協定の現実

事故の直前、沖国大の現場から約300メートルしか離れていない普天間基地では、あらゆる防御網を突破して侵入してくる敵の飛行機を撃ち落とす任務に就《つ》くスティンガーミサイル部隊の兵士約100人が行軍《こうぐん》訓練をしていた。ふだんよりずっと低い高度で向かってくるヘリの危うさに気付き、機影を追っていた兵士もいた。

ヘリが見えなくなってすぐに爆発音が響き、黒煙《こくえん》が上がったことで墜落を察知し、全兵士がフェンスを乗り越え、沖国大構内になだれ込んだのだ。くすぶる機体から脱出した兵士を遠ざけ、兵士たちは機体周辺に米軍関係者以外の出入りを禁じる黄色いテープを張って、瞬《また》く間に現場を封《ふう》鎖《さ》してしまったのである。

通報を受けて、現場に急行した沖縄県警の捜査車両、宜《ぎ》野湾《のわん》市消防本部の消防車よりも、走ってなだれ込んだ海兵隊員の方が先に着いた。それほど基地が近いのである。

消火作業が済んだ後も、米軍は県警、消防の現場検証を拒《こば》んだ。県警は、航空機事故の最大の物証である機体に指一本触れることができなかった。

さらに、事故から2日後、ふだんは米軍の基地運用を最優先で支える外務省から、荒井正吾政務官（現奈良県知事）が送り込まれた。荒井氏は日本側が誰ひとり、機体周辺に近づけない状況を憮然《ぶぜん》として見守っていたが、堪忍袋《かんにんぶくろ》の緒《お》が切れたようにこうぶちまけた。

「日本の主権が侵害されている。われわれの主権はどこに行ったんだ。ここはイラクじゃない！」

なぜ、墜落事故を起こし、沖縄の住民に恐怖を与えた米軍側が現場を封鎖できたのか。米軍はまるで「宿営地」でも設けたかのように、日本の主権を無視して現場を占拠し、警備の兵士を配置した。日本人で規制線の中に入れたのは、警備の兵士に食事を届ける宅配ピザ屋の従業員だけという事態が、日米の“主従関係”を際立《きわだ》たせた。

こうした異常事態が起きた要因は、日本に駐留する米軍の法的地位を定める日米地位協定にある。この地位協定は、米軍が、日本の干渉を受けずに基地を使える権限である「排他《はいた》的管理権」を保障している。そこから、公務中に起きた事故であることを盾《たて》に、米軍はヘリ所有の「財産権」を主張し、現場占拠を正当化しようとしたのである。

だが、純然たる民間地にヘリを墜落させ、所有権がある大学の職員や学生、市民、報道陣を排除《はいじょ》した行為に対し、憲法や安全保障の専門家からいっせいに「日米地位協定に違反している」との批判が噴《ふ》き出し、県民の怒りは高まるばかりだった。日本の専門家からは、捜査など日本の主権が制限されるのは、米国の機密に関する財産だけであり、日本側が被害を受けた社会的影響が大きな事案は、日本が調査できるという見解が以前から示されていた。

しかし、外務省はほどなくして、「ヘリの機体や積載物も軍事機密に当たる」「学生や報道陣の排除は、危険を避けるためでやむを得なかった」として、米軍の行為を追認した。どこまでも米軍側の都合を優先する日本政府の姿勢が一層くっきりと照らし出された。

沖国大に墜落したヘリコプターの残骸。そのすべてを、表土まで削り取って米軍は持ち去った。（2004 年 8 月）

✣沖縄と本土で異なる外務省の“二重基準”

米軍は事故から７日後、機体を本国に向け運び出した。放射性物質を含んだ部品があったため、現場の放射能汚染の危険性も指摘されていたが、米軍は機体周辺の地面を50センチほど掘り下げて土まで運び出した。

日本側は、環境汚染があったか否《いな》かの検証さえできずじまいだった。

民間地にヘリを落とす過失を犯した米兵も、「公務中」を理由に氏名、所属や階級など一切が公表されず、県警は事故原因を究明できなかった。そのため、整備ミスを犯した４兵士は氏名不詳のまま書類送検ということになり、那《な》覇《は》地検は嫌疑《けんぎ》不十分で不起訴《ふきそ》処分とするしかなかった。

一方、米軍が沖縄を占領統治していた時代を思い起こさせるような米軍のこの行為に対し、外務省は前述のように地位協定違反には当たらないと言い、正当化した。

事故後、本土で起きた1968年の福岡市の九州大学への米軍ファントム機墜落、77年の横浜市緑区で母子3人が亡くなったファントム偵察《ていさつ》機墜落、88年の愛媛県・伊方《いかた》原発近くのヘリ墜落――の3事故では、米軍が県警などの現場検証を認めていた事実が明らかとなった。

九州大学の事故は、反発した九大生が墜落機の運び出しを許さず、大学側が現場を実質管理し、当時の内閣法制局は「私人の所有地に無断で入るのは許されない」と答弁していた。また、横浜市緑区の事故でも、米兵が報道陣を力ずくで排除したことについて、外務省は「米軍の施設・区域外で米軍人が警察的権力を行使する権利はない」として、米側の行動に自制を促《うなが》していた。

同じことが起きても、沖縄と本土では外務省の二重基準があからさまだ。沖縄では現場検証が実施できず、本土ではなぜ可能だったのか。日本政府は口を閉ざし、説明しようとしない。

1972年まで沖縄は、米軍占領下に置かれた歴史がある。日本に施政権が返還され、平和憲法の下に復帰したはずだが、日米安保条約に基づく米軍駐留のしわ寄せ、重すぎる負担がこの基地の島に押し寄せ、平和憲法の恩恵とほど遠い現実が横たわる。

沖国大へのヘリ墜落事故は、市街地に隣接する沖縄の米軍基地の危険性を実証するとともに、機密が漏《も》れかねない重大事故が起きると、瞬時に住民を不審者扱いして排除する軍隊の本質、そして、あまりにも米側の立場ばかりが尊重される日米関係を象徴的に見せつけた。

さらに普天間基地に追加配備されたオスプレイ。(2013年8月)

✣強行配備されたオスプレイ

2012年10月1日、日米両政府は海兵隊の垂直離着陸輸送機MV22オスプレイの普天間《ふてんま》飛行場への配備を強行した。オスプレイは、ヘリコプターのように垂直に上昇し、さらにプロペラ機のように水平飛行できる特徴がある。ヘリコプターと固定翼機の機能が一つになった「夢の航空機」と言われたが、開発段階から重大事故がしばしば起きている。

死者が出た墜落事故（クラスA）は配備前の試作段階で4件、2007年の配備後は2件あり、海兵隊員36人が死亡している。月に人類を立たせたアポロ計画全体の犠牲者の実に3倍だ。後遺症が残る重傷者を出した事故（クラスB）や軽傷事故（クラスC）を合わせると、オスプレイは海兵隊機の平均事故率を大幅に上回る。米メディアは「空飛ぶ棺桶《かんおけ》」「未亡人製造器」「空飛ぶ恥」と容赦《ようしゃ》なく批判してきた。

配備強行に先立ち、9月9日には宜野湾市で配備反対を

普天間基地に追加配備されたオスプレイを迎えての部隊再編式で
行進する海兵隊員。(2013 年 8 月)

訴える県民大会が催された。命と暮らしを守るため、危険なオスプレイ配備を止めようと、10 万人を超える県民が結集した。日米両政府への「レッドカード(退場宣告)」を意味する大会のシンボルカラーの赤い服や小物を身に着けた参加者で会場は赤く染まった。

選挙で選ばれた県知事、県議会議員、41 の全市町村長と議会が反対し、一般県民は、県民大会に参加した。民主主義の手立てを尽くして党派と世代を超えた県民が結集し、「オスプレイ、ノー」の意思を示した。

だが、日米両政府は沖縄の民意に対し無視を決め込んだ。かつて普天間飛行場の移設先として名前の挙がった本土自治体が反対を表明すると、国は説得さえせずにあきらめた。それとは正反対の対応だ。

那覇市北部にある琉球新報社は、普天間飛行場から直線で約8キロの距離にあり、その進入路に近い。オスプレイが近くを飛ぶと、ガラス窓を突き破って耳障《みみざわ》りな音が響くようになった。低周波を伴う不快極まりない音が特徴だ。

オスプレイの沖縄配備に向け、日米が交わした「合意」は、①進入や出発経路はできる限り人口密集地域上空を避ける。②事故が発生しやすいとされる、回転翼を上に向けた垂直離着陸（ヘリコプター）モードでの飛行は基地上空に限定する。③移動は可能な限り水上を飛行する。④夜間飛行は最小限に制限する――としている。

しかし、市街地のど真ん中にある普天間飛行場を離着陸する際、市街地を避けて飛ぶことは不可能だ。最初から日米合意は実効性に乏しいとみられていた。

オスプレイの訓練飛行経路下にある市町村が配備後の12年10、11の両月、目視《もくし》などで確認した飛行517件のうち6割を超える318件が、上記の運用ルールを定めた日米合同委員会合意に違反していた。

日米合意が定めた安全対策は、「できる限り」「最小限」「極力」などのただし書きが付いているが、米軍の運用が優先される中、縛《しば》りにならない条件を付けた対策が何の意味ももたないことを示している。県民はだれもがオスプレイの「合意」違反を肌で感じているが、目視《もくし》調査を続けている沖縄防衛局（防衛省の出先機関）は「合意違反は確認されていない」と言い張っている。

オスプレイの機影を追う目には、違反飛行が“見える目”とそうでない“節穴”の2種類があるようだ。

オスプレイが駐機する普天間飛行場。(© OCVB)

✣世界一危険な基地・普天間飛行場

普天間飛行場は、宜野湾市の市街地のど真ん中に位置する。2003年11月、イラク戦争を主導したドナルド・ラムズフェルド米国防長官が上空から沖縄の米軍基地を視察した。普天間飛行場に迫る市街地をつぶさに見て、機上で「ここで事故が起きない方が不思議だ。早く閉鎖しろ」と側近に語った。宜野湾市の面積の約4分の1を占める同基地は「世界で一番危険な基地」と称される。

面積は約480ヘクタール。2013年9月現在、MV22オスプレイが24機、CH53大型輸送ヘリコプターが15機、CH46中型輸送ヘリが数機、通称コブラと呼ばれるAH1W攻撃ヘリが10機、固定翼はKC130空中給油機兼輸送機12機など、約70機が配備されている。それ以外にも、国内外の基地から外来のジェット戦闘機などが頻繁《ひんぱん》に押し寄せ、騒音被害が増大している。

沖縄(本)島の軍事基地

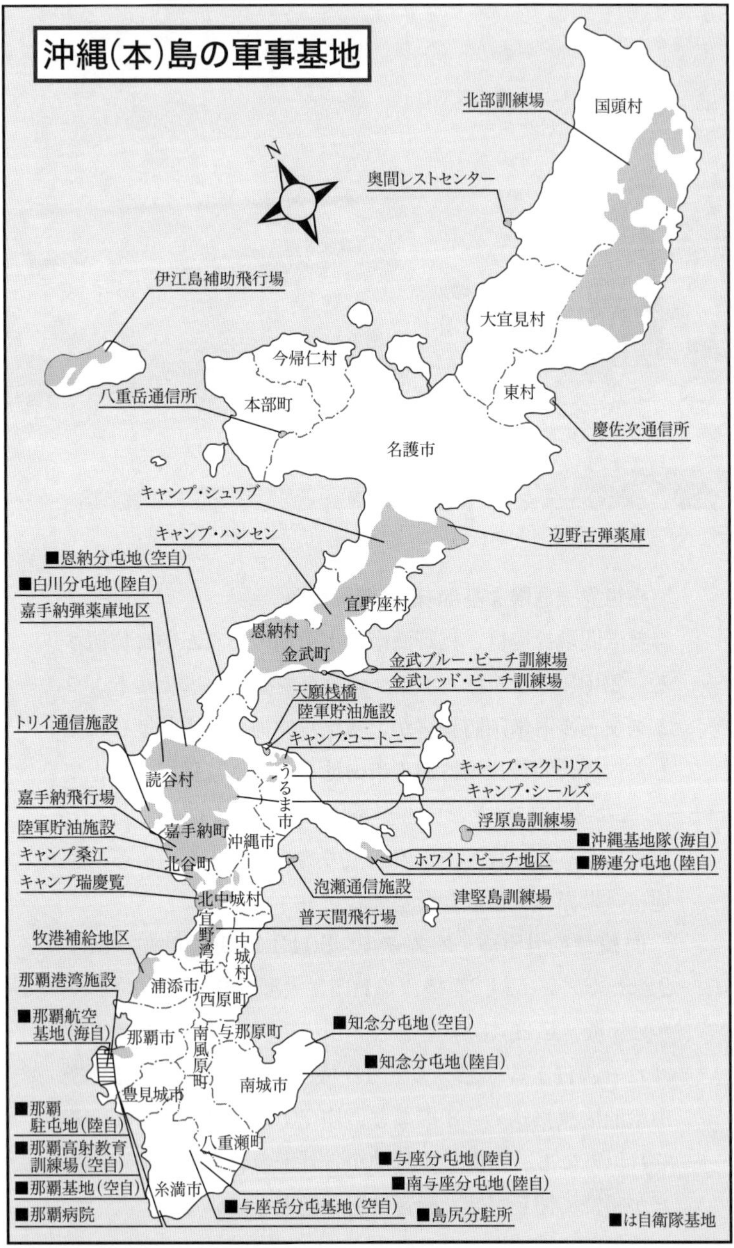

北部訓練場
国頭村
奥間レストセンター
伊江島補助飛行場
大宜見村
今帰仁村
東村
八重岳通信所
本部町
慶佐次通信所
名護市
キャンプ・シュワブ
辺野古弾薬庫
キャンプ・ハンセン
■恩納分屯地(空自)
■白川分屯地(陸自)
嘉手納弾薬庫地区
宜野座村
恩納村
金武町
金武ブルー・ビーチ訓練場
金武レッド・ビーチ訓練場
天願桟橋
陸軍貯油施設
トリイ通信施設
キャンプ・コートニー
キャンプ・マクトリアス
読谷村
うるま市
キャンプ・シールズ
嘉手納飛行場
浮原島訓練場
陸軍貯油施設
嘉手納町
沖縄市
■沖縄基地隊(海自)
キャンプ桑江
北谷町
ホワイト・ビーチ地区
■勝連分屯地(陸自)
キャンプ瑞慶覧
泡瀬通信施設
北中城村
津堅島訓練場
宜野湾市
普天間飛行場
牧港補給地区
中城村
浦添市
那覇港湾施設
西原町
■那覇航空基地(海自)
那覇市
南風原町
与那原町
■知念分屯地(空自)
■知念分屯地(陸自)
南城市
豊見城市
■那覇駐屯地(陸自)
八重瀬町
■那覇高射教育訓練場(空自)
■与座分屯地(陸自)
■南与座分屯地(陸自)
■那覇基地(空自)
糸満市
■与座岳分屯基地(空自)
■那覇病院
■島尻分駐所
■は自衛隊基地

いつ墜落するか分からない危険なオスプレイや輸送ヘリが訓練を繰り返す。「ヘリコプターが5分おきに家の上を飛ぶ」「夜中の午前1時半だが、米軍機がうるさい」「子どもがミルクを飲まない、寝付かない」――宜野湾市の「基地被害110番」に寄せられる市民の訴えは切実だ。

米国西海岸のカリフォルニア州に、世界最大級の海兵隊基地キャンプ・ペンドルトンがある。面積は約5万ヘクタールあり、普天間飛行場の百倍を超える。

2002年、私はこのペンドルトン基地を取材した。ゲートから基地内に入り、時速70キロの車で10分以上走る。そして、ようやく普天間と同じ2800メートルの滑走路を持つ飛行場に着く。最も近い住宅地域まで約5キロも離れ、どんな飛行訓練をしても騒音は届かない。飛行経路を厳守《げんしゅ》するヘリコプターが住宅地上空を飛ぶこともない。

2006年、キャンプ・ペンドルトンに隣接するオーシャンサイド市の市長は、当時の伊波《いは》洋一宜野湾市長が示した普天間飛行場の空撮写真を見て、「住宅地に近過ぎる。（こんな地域には）恐ろしくて住みたくない」と話し、目を丸くしたそうだ。

2012年4月12日、滑走路の端から400メートルしか離れていない宜野湾市立普天間第二小学校の教室内で計測された騒音は106デシベル、屋上では119デシベルだった。教室内に響いた音は車の1～2メートル前で聞くクラクションの音と同じレベル、屋上の音は航空機のジェットエンジン音を間近で聞く音に匹敵《ひってき》する。いずれも10分以上聞き続けると、心と体に変調を来《きた》す異常な水準の音が、戦時下でもない平時の小学校を襲いつづけているのだ。

目を閉じて、音によるあらゆるコミュニケーションを断ち切ってしまうすさまじいこの爆音を、あなたは想像できるだろうか。

❖露骨な“命の二重基準”

米国内のペンドルトン基地では、いつ、どの部隊が飛行訓練し、どの歩兵部隊が銃砲弾を何発発射するか――が事前に伝えられ、ペンドルトン基地のホームページでも詳しく公開される。基地の担当者は「住民の理解を得ないと、基地の維持が困難になる」と話し、訓練情報を公開する重要性を強調した。一方、沖縄では訓練する部隊や内容がいっさい明らかにされない。米国内と沖縄での基地の使い方の落差はあまりに大きすぎる。

米国内だけではない。自らの国の権利である主権意識が強いヨーロッパの国に置かれた米軍基地の運用も、沖縄とはまったく異なる。

イタリアでは、駐留米軍はイタリア軍の統括下に置かれる。米伊の両政府間で基地使用協定を締結し、基地ごとに使い方を細かく取り決める。米軍機の１日の離着陸回数さえ制限する。さらに、夏場の昼寝（リポーゾ、シエスタ）の時間帯（午後１時から４時ごろまで）には、米軍機はイタリア軍機とともにいっさい飛ばない。市民生活を騒音でかき乱してはならないからだ。住民向けの配慮と規制が行き届いた米本国やヨーロッパの米軍基地の運用を知ってしまえば、沖縄県内の首長や市民が怒りを覚えない方がむしろ不自然だ。

オスプレイの配備や運用をめぐっても、沖縄と米本土との落差は大きい。

米国内では情報公開が進み、基地や軍用機の運用に対し、住民の意見を反映させるシステムが確立している。法律や条令などに基づき、開発がもたらす環境への影響を事前に予測・評価し、環境を守る手立てを示す環境影響評価（アセスメント）は日米両国で義務づけられているが、米国と日本国内ではその実施対象が大きく異なるのだ。

米国では、新機種のオスプレイ配備など、基地の運用や配備機種が変更され、環境への影響が大きい場合は、国家環境政策法でアセス実施を義務付けている。米国民の生活環境、自然環境を守る理念が優先されるからだ。

ところが、日本では、アセスが実施されるのは、基地内の新たな施設建設の場合だけで、基地に配備される機種の変更などは実施の対象にならないのだ。

実例をあげよう。ハワイのカネオヘベイ基地では、オスプレイの配備にあたって住民が意見を出せる環境影響評価がなされた。すると、環境保全《ほぜん》や騒音に対する懸念が一気に噴《ふ》き出し、２つの空港で訓練計画が撤回されたのである。

ハワイ島では、人が住んでいる地点から 1.6 キロも離れた草原の中にあるカメハメハ大王の生誕地の遺跡が、オスプレイの下降気流で悪影響を受けるという訴えにさえ、米軍は耳を傾け、訓練計画を大幅に見直し、遺跡上空を飛行経路から外した。一方、市街地のど真ん中にある普天間飛行場では、滑走路の端から最も近い住宅までの距離はハワイの 10 分の 1 の 160 メートルしかない。それなのに、米軍はためらうことなく、オスプレイを配備した。あからさまな二重基準と言うしかない。

また、米南西部ニューメキシコ州で計画されていた空軍仕様《しよう》のCV 22オスプレイの低空飛行訓練に関し、米軍が環境審査で住民意見を募《つの》ると、約1600件の意見が寄せられた。その結果、圧倒的な反対意見を受け、米軍は訓練を無期限延期している。

沖縄の人たちはこう問いたいと思っている――「ウチナーンチュ（沖縄人）と米本国や欧州、本土の日本国民の命の重さは同じではないのか？」

❖管制権返還後も米軍が握る「沖縄の空」

沖縄に向かう旅客機が玄関口である那覇《なは》空港の北側へ離着陸する際、沖縄本島を左右に見ながらしばらく低い高度で飛んでいることに気付く人もいるだろう。

それは操縦士が、しばらくの間きれいな海を見せるために、わざわざ低空で飛んでいるのではない。

那覇空港の北20キロ圏内には、嘉手納《かでな》飛行場と普天間《ふてんま》飛行場がある。東シナ海側（西側）に離着陸する米軍機と那覇空港の北側に離着陸する民間機の航路は、ほぼ直角に交差する。従って、衝突を避ける空域のすみ分けがある。

飛行機にとって、順調に高度を上げ下げする理にかなった飛び方ができる高度600メートル以上の空域は米軍機が優先して使用し、民間機は高度約300メートルの低空で飛行する、「高度制限」を義務付けられている。乱気流や機体のトラブルなどが発生した場合に立て直す余裕がなく、操縦士は緊張を強いられる。

沖縄の空の管制は、嘉手納基地内にある嘉手納ラプコン

（レーダー・アプローチ・コントロール）がずっと一手に握ってきた。沖縄の施政権返還から38年がたった2010年3月、沖縄本島と周辺の航空管制業務が基地上空部分を残して返還され、「空の主権」がようやく回復した。

それ以来、日本側が地上と上空を管制していて、離着陸する米軍機がない場合は民間機も高度制限が一時解除され、スムーズに離着陸できることもある。だが、今でも米軍機の訓練や作戦による運用を妨げないという条件が付いている。あくまで米軍機優先が原則なのだ。

民間機の現役操縦士は、「訓練など米軍機の運用が優先され、民間機がさまざまな制約を受ける危うい状態に大きな変化はない」と話している。

沖縄の「空の主権」は、まだ完全に回復していないのである。

❖海兵隊を支える基地群

沖縄本島の中部、人体で言えば腹部に当たる宜野湾《ぎのわん》市、北谷《ちゃたん》町、北中城《きたなかぐすく》村、沖縄市、うるま市には、海兵隊の戦闘部隊を支援する基地が連なっている。キャンプ瑞慶覧《ずけらん》（キャンプ・フォスター）には、在沖米4軍（陸・海・空・海兵）トップの4軍調整官の事務所（在日米軍沖縄地域調整事務所）が置かれている。

本拠地の普天間基地には、第一海兵航空団の司令部があり、航空部隊のほか、戦場で歩兵《ほへい》部隊を支援する工兵部隊もいる。

キャンプ瑞慶覧の南側には、陸軍の通信基地であるフォート・バクナーがある。在沖米4軍の通信網（電話、

一部基地の返還にともなって、新たに建て替えられた海軍病院。
(2013 年 9 月、宜野湾市)

ファクス、電子メール)の管理をしている部隊だ。そのシンボルは「ゴルフボール」。白いドームが、直径 20 メートル近い大型パラボラアンテナを覆っている。スパイ対策も立てられ、盗聴への警戒も厳しい。

以前は、キャンプ桑江《くわえ》南側(北谷町)にあった海軍病院は、2013 年 3 月、キャンプ瑞慶覧の宜野湾市側の新施設に全面移転し、診療業務を始めた。総工費約 105 億円をかけた地上 5 階、地下 1 階の新病院内には、内科、外科、産婦人科、小児科などの診療体制が整い、すべての軍関係者が利用している。建設費は日本政府が負担した。

宜野湾市から北谷町に入ると、国道 58 号の左手に活気にあふれた美浜《みはま》地区が見えてくる。かつて、陸軍ハンビー飛行場とメイモスカラー射撃場があったところだ。それが返還された跡地に新たな商業地が生まれた。今では、県内外から行楽客や買い物客が集まり、県内でも指折りのにぎわいのある街になった。基地が返還された跡地が発展したモデル地区になっている。

国道の反対側が、キャンプ桑江（キャンプ・レスター）だ。先に返還された敷地には北谷町役場が建設され、その北側の地域も2003年に返還された。しかし、土の中からヒ素、鉛、六価《ろっか》クロムなどの有害物質が次々に見つかり、返還跡地の環境浄化問題の深刻さを浮き彫《ぼ》りにした。地主への引き渡しが大幅に遅れたものの、アパートや公共施設が建ち始め、跡利用がようやく進みつつある。

キャンプ桑江は、海軍病院移設を条件に返還される予定だったが、すでに移転した病院が正常に開業しているにもかかわらず、まだ返還されていない。それどころか、2013年4月に日米が合意した返還・統合計画は返還時期を2025年度以降と、10年以上も先送りした。牧港《まきみなと》補給地区、キャンプ瑞慶覧の一部など、こうした例は多い。しかも、ほとんどが「○○年度またはその後」という引き延ばし可能なただし書き付きである。

嘉手納基地より南の平たんな土地は、返還されれば、経済発展が見込める優良地ばかりだが、日米の返還・統合計画は、実質的には「返還延期計画」の様相《ようそう》を見せている。

❖極東最大の拠点・嘉手納空軍基地

北谷町役場が建つ旧キャンプ桑江の返還地を右に見ながら、さらに北へ行くと、国道58号が県道23号（通称国体道路）と交差する。そこから北方に広がるのが極東最大の米空軍拠点「嘉手納《かでな》基地」だ。

嘉手納基地の面積は約2千ヘクタールで、普天間飛行場

海側から見た嘉手納飛行場。町域の83%を基地に占拠され、ひしめくように住宅が建っている嘉手納町。(2010年4月)

の4倍強、フェンスで囲われた外周部分は17.4キロもある。沖縄戦の前段で15の集落をつぶして突貫工事で造られた旧日本軍の中《なか》飛行場を、米軍が接収し、約70年間も使用し続けて今に至っている。ありとあらゆる軍用機が離着陸できる、長さ約3700メートルの滑走路が2本(幅は90メートルと60メートル)あり、基地を管理する空軍以外にも、海軍、陸軍、海兵隊も使用する。

ベトナム戦争当時は、北ベトナムを爆撃する「北爆」の出撃拠点となり、「黒い殺し屋」と言われたB52戦略爆撃機が爆弾を目いっぱい積み込んで、飛び立っていった。現在も、米軍が世界で展開する紛争地帯をにらみ、攻撃、中継、偵察、補給など、あらゆる軍事機能が集積する。米軍にとって、最重要な在沖基地である。

F15戦闘機を24機ずつ、計48機を有する第44、67戦闘中隊を主力部隊に、KC135空中給油機15機を抱える第909空中給油機中隊、胴体の上に大きな円形レーダーをのせた、「空飛ぶ司令塔」と呼ばれるＥ３Ａ早期警戒機（AWACS）が２〜３機、MC130特殊作戦機などを操《あやつ》る部隊が駐留している。

このほかに海軍のＰ３Ｃ哨戒《しょうかい》機３〜10機などがおり、常駐機数は約100機に上《のぼ》る。

近年は、米本国から、新鋭のステルス戦闘機Ｆ22、本国や山口県の岩国基地のＦＡ18戦闘攻撃機などの外来機が頻繁《ひんぱん》に飛来し、外来機の常駐化を懸念する声が周辺自治体から上がっている。

嘉手納基地というと、滑走路や格納庫だけと思いがちだが、そうではない。滑走路の内側には、住宅地があり、ショッピングセンターがあり、病院や映画館があり、ゴルフ場まであるのだ。そこは言わば、カデナ・シティと呼べる。米軍機の騒音を除いては至れり尽くせりの住環境がととのっている。住んでいるのは米軍人とその家族、軍属（軍で働く民間人）とその家族で、日本人は立ち入ることができない。

✣2万2000人が原告となった第３次爆音訴訟

2006年５月に合意した「在日米軍再編」により、日米両政府は「抑止力《よくし》」維持を打ち出した。ミサイル防衛網を整備するとして、敵の弾道ミサイルを撃ち落とす迎撃ミサイル・パトリオット（PAC3）が地元３自治体の反対を押し切って嘉手納基地に配備された。その後、空軍の救難部隊や陸軍の特殊部隊グリーンベレーによるパラシュート降下訓練が強行されたり、米本国から再三、レーダーがとらえることのできない最新鋭のステルス戦闘機F22が飛来するなど、基地機能は強化されている。

嘉手納基地では、タッチアンドゴーなどの飛行訓練が周辺住民に爆音被害を振りまく。離着陸コースの真下にある北谷町《ちゃたんちょう》砂辺《すなべ》は最も爆音被害がひどい地域だが、生まれ育った故郷への愛着が強い人は歯を食いしばって住み続けている。一方、あまりの爆音に耐えきれず、国に土地と建物を売り渡して静かな地域に移り住む区民も多く、1972年の日本復帰後、約230戸が砂辺から去った。

基地の運用状況をみると、本来であれば、禁じられているエンジンの出力を上げるアフターバーナーを用いた垂直に近い離陸などが頻繁《ひんぱん》にあり、周辺住民は家族の会話を邪魔されたり、テレビ、電話の音が聞こえないなどの生活被害を一日に数十回から100回以上も受けている。

電車が通過する時のガード下の音や、乗用車から2、3メートルの距離で聞くクラクションの音が約100デシベルだ。嘉手納基地に近い北谷町砂辺で2006年6月、100デシベル以上のすさまじい爆音が1日に36回も記録された。周辺で最も激しい爆音は、ジェットエンジンの近くで聞く音と同等の120デシベル以上になり、それが何度も記録されている。そのたびに、住民は眠りや休息を突き破られたり、生活に支障を来《きた》す。高血圧や聴覚の不調、不眠を訴える住民も多い。我慢《がまん》の限界を超える爆音に対し、これまで3度の訴訟が起こされた。

900人余が提訴した第1次訴訟（控訴審確定は1998年）に次いで、約5500人が起こした第2次訴訟は2009年3月、福岡高裁那覇支部の判決で、忍耐の限度を超えてい

人々がまだ眠っている未明、静寂を引き裂いて嘉手納基地を飛び立つF15戦闘機。(2008年5月、嘉手納町)

るとしていずれも違法性を認める判決が確定した。しかし、国と国が交わす日米安保条約に基づいて駐留する米軍機の運用には、司法が口を挟《はさ》めないとする論理が壁となり、住民悲願の飛行差し止めはかなわなかった。

在日米軍再編で決まった嘉手納基地のF 15戦闘機の日本本土への訓練移転も進まず、裁判で違法認定された後も、爆音は改善されていない。逆に外来機の飛来が増えて、生活を切り裂く爆音の発生回数は増加傾向にある。

そこで、2011年4月、爆音被害に業《ごう》を煮《に》やした2万2千人余が原告となり、第3次訴訟が起こされた。党派を超えた全国最大のマンモス原告団には、140万県民の63人に1人が名を連ね、嘉手納町民は実に3人に1人以上の割合で提訴に加わった。現代の民衆蜂起《ほうき》とも言える空前の規模で、米軍機の騒音被害に告発の矢が放たれている。

✣基地返還を勝ち取った村・読谷

嘉手納町の北隣の読谷村《よみたんそん》には、陸軍のトリイ通信施設

（トリイステーション、約193ヘクタール）がある。そこには、在沖米軍全体の燃料供給、輸送を統括する陸軍第10地域支援群の司令部がある。

第一特殊作戦群第一大隊は通称グリーンベレーと呼ばれる最精鋭の特殊部隊だが、沖縄から一時撤退したものの84年、トリイ基地に再配備された。外国で内戦が起きたり、テロ活動があったりすると、そこに潜入して敵を偵《てい》察《さつ》したり、破壊活動を行なう。沖縄のグリーンベレーは沖縄県内の演習場で特殊作戦技能を高める訓練をこなし、イラク、アフガン、フィリピンの反政府組織の掃討《そうとう》作戦など、世界の紛争に駆り出されている。

読谷村にはかつて読谷補助飛行場があり、海兵隊やグリーンベレーのパラシュート降下訓練が繰り返され、物資を投下する危険な訓練も実施されていた。1965年には、トレーラーが民家近くに落下し、小学５年の棚原《たなはら》隆子さんが下敷きになって亡くなる事故も起きた。長年の返還運動が実って、2006年末に返還され、2008年２月までに地主に引き渡された。

沖縄戦で「集団自決」（強制集団死）が起きた村内は反戦平和の意識が高く、村長を先頭に粘り強い米軍当局との交渉を経て、1997年に、米軍がふだん使っていなかった基地内に新役場庁舎をオープンした。

庁舎の門柱には「自治の郷《さと》」「平和の郷」と刻まれ、憲法九条の条文を刻《きざ》んだ石碑が建つ。非戦を誓った憲法九条を土台にした平和行政が基地にくさびを打ち込んだ読谷村の歩みは、多くの教訓を残している。

読谷村の中心部を占拠していた基地は、今では、紅《べに》イモ

ホワイトビーチに寄港した強襲揚陸艦ボノム・リシャール。左に水けむりをあげているのは同艦に搭載したホバークラフト揚陸艇のＬＣＡＣ（エルキャック）。（2012年11月、勝連町）

栽培など農業を中心とした跡利用が進み、読谷村の経済振興の核となりつつある。

✣太平洋艦隊の拠点・ホワイトビーチ

以上、沖縄本島の西側（東シナ海沿い）の米軍基地を見てきた。東側（太平洋側）に移ろう。こんどはいきなり、嘉手納《かでな》の反対側の東へ突き出た半島（勝連《かつれん》半島）から入る。その東端にあるのが、米海軍の軍港・ホワイトビーチ（約157ヘクタール）だ。沖縄の第３海兵遠征軍が海外に出動する際は、長崎県の佐世保《させぼ》基地所属の強襲揚陸艦《きょうしゅうようりく》（ヘリ空母）がここに来る。それに乗り込んで、戦地へ出動する第31海兵遠征部隊の出撃拠点なのである。

850メートルの海軍桟橋《さんばし》と、450メートルの陸軍桟橋がある。海軍桟橋は2004年、幅が24メートルから40メートルに拡幅《かくふく》された。このホワイトビーチはまた、日本国内で３港しかない原子力潜水艦の寄港先である（あとの２港は横須賀と佐世保基地だ）。米太平洋艦隊の攻撃型原潜のうち、約10隻は核ミサイルを放つことができる能力を持ち、ホワイトビーチにも頻繁に寄港している。

2001年の９・11同時多発テロ後、原潜へのテロ行為を防ぐためとして、それまでに県を介して報道各社に発表されていた寄港時刻通知がなされなくなった。放射能漏れの危険性がある原潜寄港の時間帯は住民や漁民の安全確保に欠かせない情報だが、日米政府は住民の懸念には背を向け、テロを口実にした情報封印をなしくずし的に続けている。

❖キャンプ・ハンセンとキャンプ・シュワブ

勝連半島の付け根から北へ向かうと、やがて金武《きん》町に入る。左手を見ると、海兵隊のキャンプ・ハンセン内にある恩納《おんな》連山が目に入る。山肌の緑の濃さが不自然にまだらになっているのは、実弾砲撃演習がしばしば引き起こす山火事の跡だ。

キャンプ・ハンセンの面積は約5000ヘクタール。嘉手納飛行場の約2.5倍の広大な基地だ。海兵隊の地上部隊である第３海兵遠征師団が常駐しており、第３海兵遠征軍の機動部隊である第31海兵遠征部隊（31ＭＥＵ、約２千人）がいる。北側に隣接しているシュワブ基地とともに、レンジと呼ばれる実弾射撃場が20カ所以上あり、対戦車ミサイル、重機関銃、迫撃《はくげき》砲、ライフル、手榴弾《しゅりゅうだん》などが使われる実射訓練が続き、一日中発射音と炸裂《さくれつ》音が響く日もある。

都市型戦闘訓練施設での実弾射撃訓練強行に対する県民集会の後、赤鉢巻きを締めシュプレヒコールとともにこぶしを突き上げる稲嶺知事（当時。前列左から２人目）や池原伊芸区長（前列左端）ら。（2005 年７月 19 日、キャンプ・ハンセンのゲート前）

155 ミリりゅう弾砲の実弾射撃訓練が 1997 年まで、金武町と恩納村を結ぶ生活道路の県道 104 号線を封鎖して強行された。沖縄が本土に復帰した後だけでも４万 4000 発以上が恩納連山に撃ち込まれた。

着弾地に忍び込む命がけの阻止行動を含む、長年の反対運動により、1997 年から実弾砲撃演習は、本土の北海道から九州まで５つの自衛隊演習場に移された。沖縄の「負担軽減」が目的とされたが、地形や気候が異なり、雪の中でも実射訓練ができ、移動費用もすべて日本政府が負担するため、海兵隊側は戦闘能力向上に寄与《きよ》していると歓迎している。

2005 年には、金武《きん》町《ちょう》伊芸《いげい》区の最も近い住宅から約 300 メートル、沖縄自動車道路からわずか 200 メートルしか離れていない射撃場「レンジ４」に「陸軍複合射撃訓練施設（都市型戦闘訓練施設）」が建設された。伊芸区は本土復帰後だけでも20件以上、米軍の実弾が住宅地域に撃ち込まれる流弾《りゅうだん》事件が起きているだけに、区民は猛反発した。老若男女が500日以上、ハンセン基地の第1ゲート前に座り込む草の根の反対運動を続けるうち、県民の共感も広がった。根負けした米軍と日本政府は2キロ離れた地点に射撃訓練施設を移し、日本の「思いやり予算」ではなく米軍が自ら造った射撃場が移転に追い込まれた。

キャンプ・ハンセンでは、米軍再編によって合意した「自衛隊との共同使用」が2008年3月から始まった。

自衛隊が米軍基地を使う「共同使用」は、在日米軍再編に関する2006年の最終報告で強化する方向性が打ち出された。防衛省はその目的を「米軍基地の使い方を日本がコントロールするため」と説明していた。

実態はどうか。キャンプ・ハンセンの共同使用は07年度の2回から2011年度は102回にまで急増した。ただし、米軍の基地の使い方に日本側は介入できず、山火事を起こす危険な演習もやりたい放題で、原野《げんや》火災は07～11年の5年間に68件も起きている。その前の5年間が47件だったから、逆に5割近く増えている。

従来の米軍の演習に自衛隊の演習まで加わり、自衛隊は沖縄では実施できなかった小銃の実弾射撃訓練まで、キャンプ・ハンセンで行なえるようになった。沖縄の基地被害は減少どころか増大しかねないのだ。

こうして、「米軍再編」を理由に、「日米の軍事一体化」「日米の軍事融合《ゆうごう》」が足早に進んでいる。

キャンプ・ハンセンの北側に連なる形で、キャンプ・シュワブ（約2063ヘクタール）がある。両方を合わせてセントラルトレーニングエリアと呼ぶ。第３海兵師団の第４海兵連隊（歩兵）、海兵隊の特殊部隊である精鋭の兵士でつくる第３、第５偵察《ていさつ》大隊がここに常駐する。

この基地は、太平洋側に突き出した岬《みさき》（辺野古崎《へのこざき》）の先端部分と５種類もある制限水域を保有し、そこでは水陸両用作戦の訓練、ホバークラフト型揚陸艦（LCAC）やゴムボートを使った海からの上陸作戦などを実施している。

❖普天間飛行場・返還移設問題の行方

民主党が政権交代の念願を果たした2009年８月の総選挙直前の７月、沖縄市で講演した鳩山由紀夫・民主党代表（当時）は、普天間飛行場の移設先について、「最低でも県外の方向で行動を起こす」と述べた。

だが、鳩山民主党政権が誕生してほどなくして、民主党の岡田克也外相や北澤俊美防衛相らは、普天間飛行場については嘉手納基地への統合や名護《なご》市辺野古《へのこ》への移設など、自民党時代に引きつづき、沖縄に負担させる考えに変わった。

県外を本気で模索した鳩山首相も、党内の有力者、外務・防衛官僚ら、さらに、日米関係を揺るがすとしてこぞって鳩山非難に回った大手マスメディアの挟《はさ》み撃ちに遭《あ》って、翌10年５月にあっけなく、「辺野古移設」に戻ってしまった。その際、鳩山氏は、在沖海兵隊の「抑止力《よくしりょく》」という概念を持ちだし、「学べば学ぶほど、海兵隊が抑止力を維持していると分かった」と述べた。

日米両政府が普天間基地の移設先としている辺野古崎（岬部分から奥は、キャンプ・シュワブ)。辺野古海岸 (左) と大浦湾 (右) は沖縄でも希少となったサンゴの海であるが、この一部を埋め立てて飛行場と軍港を造るとされている。

軍事的に根拠が乏しい「抑止力」が理由に持ち出されたことに、沖縄県内から深い失望と怒りがわき起こり、一方で、沖縄の言葉で、「抑止力」を「ゆくし（噓《うそ》）力」と言い換える暗いユーモアが流行した。

首相の座を降りた鳩山氏は翌11年1～2月、琉球新報、沖縄タイムス、共同通信の合同インタビューに応じ、「(普天間の移設先として）辺野古しか残らなくなった時に、何とか理屈付けしなければならず、『抑止力』という言葉を使った。方便《ほうべん》と言われれば、方便だった」と告白した。首相として普天間基地問題を解決する強い意欲を示したものの、解決策が見いだせず、逆に四面楚歌《しめんそか》の状態に追い込まれた鳩山氏が、結局は「抑止力」の神話に逃げ込んだというのが実態だった。

今のところ、普天間基地の移設先は、日米合意に基づいて、同じ沖縄県内の名護市辺野古以外にないというのが日本政府の見解である。しかし、それに対しては、米国内の軍事専門家からもそれと異なる見解が相次いで示されている。

たとえば、対日政策に大きな影響力を持つジョセフ・ナイ元米国防次官補代理（元ハーバード大学教授）は県内移設に対する県民の反発を挙げ、在沖海兵隊のオーストラリアへの移転が「賢明な選択」と明言し、また別の専門家からも米本土への撤収論が主張されている。日本国内では、防衛庁（現防衛省）の官僚で小泉純一郎首相当時の内閣官房副長官補（安全保障担当）だった柳澤協二氏が、「抑止力という言葉で海兵隊の沖縄駐留を説明するには無理がある。軍事常識的には、沖縄の海兵隊は使い道がない」と語っている。

✣「辺野古移設問題」の始まり

この20年近く、沖縄県民を思いわずらわせてきた普天間飛行場の返還・移設問題の経緯を振り返ってみよう。

1995年9月、沖縄県民の強い怒りを呼び起こし、日米関係の根幹を揺るがす事件が起きた。米兵3人による「少女暴行事件」だ。

反基地世論の高まりを受け、1996年12月、沖縄の基地を減らすために設けられた日米特別行動委員会（SACO）は最終報告で、沖縄側の要望が強かった普天間飛行場を全面返還する代わりに、「沖縄本島東海岸沖」に、海上ヘリポート（全長1500メートル、滑走路1300メートル）を新設することを決めた。

候補地に指定された名護《なご》市は、当事者である辺野古《へのこ》を中心に激しい賛否の対立が生じたため、1997年12月、新基地受け入れの是非《ぜひ》を問う市民投票を実施した。結果は反対が過半数を占めた。その年から、辺野古では闘争小屋に詰めた住民の反対の意思表示が始まった。

政府・自民党から北部全域の経済振興策などの「アメ」が繰り出される中、当時の比嘉《ひが》鉄也名護市長は、住民自治の「結晶」と言える投票結果を無視して、新基地受け入れを表明して辞任してしまった。98年2月の出直し名護市長選では移設受け入れに含みを持たせた岸本建男《たてお》氏が当選した。

同じ98年11月の県知事選は、県内移設反対の大田昌秀氏を破って、国との協調関係を重視する稲嶺《いなみね》恵一氏が「本島北部の陸域への移設受け入れ」を掲げ、初当選を果たした。その後、稲嶺氏は翌99年11月、あらためて名護市辺野古沿岸域を普天間飛行場の移設先に選定した。ただし、新飛行場は「軍民共用」の空港としつつ、米軍の使用には15年の期限を設けることを条件にした。

❖非暴力の抵抗をつらぬいて

辺野古区の人口は2012年現在で約2000人。移設受け入れの代償として、2003年に設立された国立高等工業専門学校の寮に入る生徒を除くと、人口約1500人の集落だ。海には、沖縄で残り少なくなった豊かなサンゴ礁が広がり、絶滅危惧《きぐ》種の特別天然記念物・ジュゴンも生息している。辺野古沖には藻《も》や海草の生い茂る藻場《もば》があり、そのジュゴンの生息・繁殖地として知られる。

辺野古と周辺に住む人たちは、経済援助と引きかえに、新基地建設を受け入れるか否《いな》かという過酷な選択を迫られた。新基地受け入れを認めるかどうかをめぐって、夫婦、きょうだい、長年の友人同士がいがみ合うことも多くなり、地域の連帯感、きずなが揺らぎ、地域社会に深い傷痕《きずあと》を残して今に至っている。

2002年、長さ2500メートル、幅730メートルを埋め立てて2000メートルの滑走路を建設する最初の基本計画が決まったが、稲嶺知事、岸本市長が代替基地受け入れの条件とした「15年の使用期限」は無視された。名護市民の頭越しに基地建設の手続きばかりが進められ、2004年9月には海上で、護岸工事に向けたボーリング(掘削《くっさく》) 調査が始まった。

那覇防衛施設局は海上の63カ所でやぐらを組んで掘削作業に取り掛かる準備に着手した。それに対し、海上にカヌー隊を繰り出した住民たちがやぐらにしがみついて抗議したり、酸素ボンベを背負って海に潜《もぐ》ったり、調査を止めようと必死の行動を取った。陸上でのお年寄りを中心とした意思表示とともに、阻止《そし》行動に共通したのは、非暴力をつらぬくことだった。

小泉純一郎首相が辺野古移設の可能性に厳しい目を注いだこともあり、政府側も手荒な行為には出られず、05年9月には台風の直撃に遇《あ》った後、やぐらを撤去《てっきょ》した。草の根の住民たちの非暴力の抵抗は第一段階の勝利を収めた。

辺野古見直しが取りざたされたものの、在日米軍再編の日米交渉の中で、2006年5月には、2本の滑走路を離着陸で使い分けるという「V字案(沿岸案)」が合意され、

15年使用期限、軍民共用の構想は最終的に破棄され、米軍専用の基地をずっと置き続ける計画に様変わりした。稲嶺氏の後を引き継いだ仲井真弘多《なかいまひろかず》知事は、辺野古移設を容認したものの、V字型滑走路をもっと沖合にずらすべきだと主張し、政府との交渉が合意に至らないまま、県内移設反対の県民世論は強まり、09年8月の総選挙を迎えた。

その結果、「最低でも県外移設」を掲げた鳩山由紀夫代表が率《ひき》いた民主党が大勝。沖縄県内の4つの選挙区すべてで「普天間飛行場の県外・国外移設」を掲げた野党側の候補者が当選し、自民党は九州ブロック比例での復活当選ラインにも達しない惨敗を喫《きっ》した。普天間基地の返還移設問題をめぐり、ベターではなくベストの県外・国外移設を求める沖縄の民意が選挙結果にくっきりと表れた。

総選挙の結果、政権交代が実現し鳩山首相率いる民主党政権となった。しかし、長年の「日米同盟至上主義」「対米追従」から脱することができない外務・防衛官僚に取り込まれた外務大臣、防衛大臣は「辺野古移設」に戻り、鳩山首相も結局それに同調せざるを得なかったのだった。

❖「県外移設」への沖縄社会の地殻変動

沖縄の民意をいっこうに汲《く》み取ろうとしない東京を中心とする政治動向に対し、沖縄県内では、経済振興と引き換えに、普天間飛行場の県内移設を推進、容認してきた勢力もなだれを打って県外移設に傾いていった。

そうした中、2010年1月24日に名護市長選挙が投開票された。その結果、普天間の辺野古移設に反対する新人の前市教育長の稲嶺進氏が、2期目を目指した現職の島袋吉和氏を破り、初当選を果たした。政府にとって辺野古移設推進の最大のよりどころだった「地元自治体の合意」は崩れた。ジュゴンが息づく豊かな海を埋め立てて２本の滑走路を敷く代替基地建設は困難になった。

次いで、２月 24 日には、県議会で初めて、自民党から共産党までが党派を超えて結束し、「普天間飛行場の県内移設拒否」と国外・県外移設を求める意見書を可決し、沖縄の民意の変化は臨界点を迎えた。

鳩山首相が“四面楚歌《しめんそか》”のなか、名護市辺野古への県内移設へと急速に回帰しつつあった 2010 年４月 25 日、普天間飛行場の国外・県外移設を求める沖縄県民大会が開かれた。読谷村《よみたんそん》の会場でひっきりなしに迷子のアナウンスが流れたのは、９万人（主催者発表）の参加者の中に家族連れが多くいたからだ。

大会直前まで出席をためらっていた仲井真弘多《なかいまひろかず》知事は壇上に立つと、高揚した表情を見せ、「本土復帰から 40 年たつが、米軍基地だけは厳然と変わらず目の前に座《すわ》っている。明らかに不公平、差別に近い印象をもつ」と強調した。県民の代表である知事が、沖縄に基地を押し付け続ける日米両政府の不作為を「差別」と表現したのである。

同年 11 月の県知事選を機に、仲井真知事は県外移設要求に舵《かじ》を切り、再選を果たした。まさに沖縄の民意が後押しした政策転換だった。沖縄に基地を押し付け続ける「差別」が基地問題のキーワードとして深く浸透し、県内外に発信されるようになった。基地新設を拒《こば》む沖縄社会の地殻変動は大きい。

2012 年 12 月の総選挙で、こんどは民主党が大敗し、自民党政権が復活した。この間《かん》の沖縄の民意の劇的な変化は受け止められることなく、環境影響評価（アセスメント）や埋め立て申請の手続きが進められていった。日本環境アセスメント学会が「史上最悪のアセス」と評するアセス評価書を提出するなど、手続きにも大きな問題が残る中、普天間返還・移設問題は緊迫した局面に入っている。

名護市辺野古への普天間飛行場代替基地建設に反対し、2004年4月19日に始まった住民らの座り込みは13年7月には3300日を超えた。かけがえのない豊かな海をつぶして200ヘクタールにも及ぶ広大な新基地を造らせてしまうことは、環境との共生を掲げる沖縄社会の望ましい在《あ》り方を否定することになってしまうという危機感を抱き、雨の日も風の日も一日たりとも座り込みを絶《た》やさなかった非暴力の抵抗が宿《やど》す力は大きい。

❖住民と自然を脅かす高江のヘリパッド

沖縄本島北部は、豊かな森に囲まれ、山原（やんばる）と呼ばれる。一見、基地を実感しづらい地域だが、人口約160人の小さな集落を基地移設問題が直撃している。

1996年のＳＡＣＯ（日米特別行動委員会）の合意で、東村《ひがしそん》、国頭村《くにがみそん》に広がる北部訓練場（約7800ヘクタール）の北側半分以上を返還することと引き換えに、返還地内にあるヘリ着陸帯（ヘリパッド）を残りの部分に移すことになった。北部訓練場のほとんど使用されていなかった部分を返す一方で、高江《たかえ》集落周辺に6つのヘリパッドを新設する計画が立てられ、海側からの侵入作戦に向けた水域と土地の提供が決められた。オスプレイの配備を見越した措置

沖縄本島北部

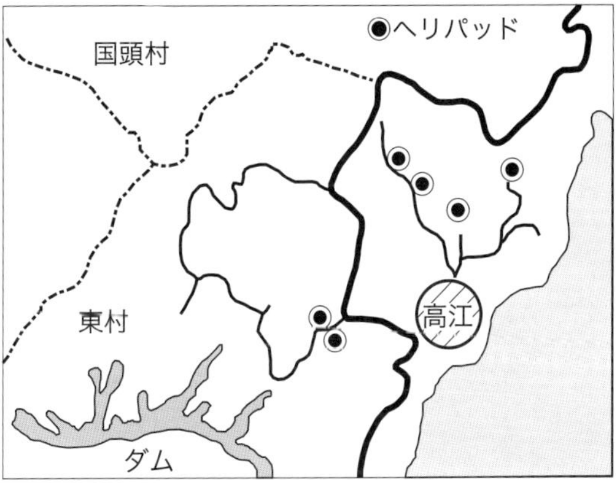

とされ、この結果、北部訓練場の南半分の基地機能は格段に強化される形となる。今や、その懸念は現実のものとなり、オスプレイが山原の森の静けさを切り裂いて、飛び交っている。

北部訓練場は、沖縄に配属された海兵隊の新兵らが食べ物を持たずに任務を遂行する過酷なサバイバル訓練をするなど、世界で1つだけのジャングル戦向けの戦闘訓練施設として使われてきた。1998年から「ジャングル戦闘訓練センター」と名称を変え、豊かな森林地帯の中で、実戦を想定した激しい訓練が実施されている。

高江区は2度、ヘリパッドの建設反対を区民総会で決議したが、2006年、日本政府は、高江集落を取り囲むように6つのヘリパッドを建設すると発表した。最も近い民家からの距離は約400メートルしかない。普天間飛行場の辺野古移設と一体のオスプレイ配備と連動する、高江のヘリパッドを使用した訓練激化を見越し、高江区の住民らは2007年7月に、沖縄防衛局がヘリパッド工事を強行して以来、座り込みによる抗議行動をつづけている。区民だけでなく、県内外からの支援者が駆け付けている。

東村高江でヘリパッド建設の工事の強行に抵抗する反対住民
(2012年11月)

こうした草の根の住民たちの抵抗にしびれを切らした国は2008年11月、工事車両の進入を、座り込んだ住民が妨害しているとして、通行妨害禁止の仮処分を那覇地裁に申し立てた。大きな権力をもつ国が、基地機能強化に抗議した住民らの非暴力の抵抗を威圧し、萎縮させることを狙《ねら》った「SLAP(スラップ)=嫌がらせ」訴訟そのものである。米国では禁止されている訴訟だが、日本ではまだそれを法的に止めることができない。国に異議をとなえる者は裁判を使ってでも罰を与えるという暴挙に等しい。

09年12月、那覇地裁が出した決定は座り込みなどの思想・信条の自由、表現の自由を尊重しつつ、訴えられた15人のうち、2人については通行妨害禁止を認めた。そのまま仮処分から本裁判となり、その判決でも妨害禁止の判決が下された(ただし1人だけになったが、最高裁に上告)。

裁判と並行して、2010年になってからは、強引に建設資材を運び込もうとする沖縄防衛局の職員、建設業者らと座り込んでいる住民らがノグチゲラなどの野鳥の繁殖期を外した期間の間中、にらみ合い、時には身体をぶつけ合う形の阻止行動が続いている。

世界自然遺産登録を目指す山原の森。国際自然保護連合（IUCN）が保護を求めるほど、世界的に貴重な動植物が息づいている山原の山々に、直径75メートルもあるヘリパッドを集中的に建設する計画に対する批判は高まり続けている。

✣沖縄の米軍基地はどのように造られたのか

以上、沖縄の軍事基地の現状を見てきた。特に、沖縄本島の中部には、面積の80％以上を基地に占拠された嘉手納《かでな》町をはじめ、基地が集中している。「基地の中に沖縄がある」という言い方はけっして誇張ではない。

では、このような広大な基地はどのようにして造られたのだろうか。

沖縄本島の約18.2％を占める米軍基地は、その大半が持ち主の了解を得ることなく軍事占領の下で一方的に接収され、造られた。まず、米軍は、沖縄戦中に日本軍が造った飛行場を占領するのと同時に使用するようになった。

さらに、戦争が終わり、住民を収容所に押し込めている間に、米軍は真っ白な地図に線を引いていくように欲しい土地を押さえて基地とした。嘉手納基地は15の集落を呑《の》みこみ、もとになった日本軍の飛行場を40倍に拡大したものだ。普天間《ふてんま》飛行場も同様に農地や宅地をつぶして造られた基地だ。

1945年4月1日、米軍は読谷・北谷海岸に上陸、ただちに周辺を占拠すると、物資輸送のための道路を整備した。そのとき造った嘉手納ロータリーは現在も使われている。（沖縄国際平和研究所提供）

沖縄戦が最後の決戦となり、広島、長崎に原子爆弾が落とされて日本が降伏し、第二次世界大戦は終結した。だが、ほどなくして今度は米国とソ連の両陣営が対立し、「東西冷戦」が始まる。そのソ連との対決をにらんで、米軍部首脳は「沖縄の無期限保持」を表明した。1949年7月には、沖縄の米軍基地建設費5000万ドルが計上され、沖縄の基地の骨格が形成されていった。一時的でなく、永久に米軍占領が続きかねないと危惧《きぐ》した沖縄の住民の間に、組織的な復帰運動がわき起こった。それに対し、米国は、復帰運動を反米、共産主義者の運動と決め付けて弾圧した。

1950年に朝鮮戦争が始まると、米軍は50年代に強権

「銃剣とブルドーザー」で土地を取り上げられた伊江島の人々は、
沖縄中を歩いてその不当を訴えた。「乞食行進」と呼ばれた。（撮影：
阿波根昌鴻、伊江島反戦平和資料館「ヌチドゥタカラの家」提供）

的に沖縄の人たちの土地を取り上げ、基地建設を推《お》し進めた。住民の抵抗に対しては、銃剣《じゅうけん》を突き付けて抑《おさ》え込み、ブルドーザーで家財道具もろとも家を敷きならしていった。

「銃剣とブルドーザー」は、米軍のうむを言わさぬ土地接収と、沖縄戦後史の人権侵害を象徴する言葉となって、沖縄の人々の記憶に焼きついている。

1951年9月、サンフランシスコ講和条約が締結され、それまで敗戦によって連合国軍（実質は米軍）の占領下にあった日本は、半年後（52年4月28日）の独立回復（主権回復）を約束される。しかし、沖縄は同条約３条によって、奄美《あまみ》群島や小笠原《おがさわら》諸島とともに、引き続き米軍の占領統治下に置かれることになった。日本の主権回復は、いわば、沖縄などを人質《ひとじち》とすることと引き換えになされたと言える。

こうして、米国は日本から切り離された沖縄を合法的に支配する権利を得ると、実質的な軍政府である米民政府の指示・命令である「布令《ふれい》」「布告《ふこく》」が、法律に代わる機能を持った。

その法令の一つが、1953 年４月に公布《こうふ》・施行《しこう》された布令第 109 号「土地収用《しゅうよう》令」だった。住民が提供に応じなければ、力ずくで接収する根拠を一方的に与えたこの布令によって、53 年４月から 55 年７月にかけて、真和志《まわし》村安謝《そんあじゃ》、銘苅《めかる》、小禄《おろく》村具志《ぐし》、伊江《いえ》村真謝《まじゃ》、宜野湾市伊佐浜《いさはま》などで、武装米兵が容赦《ようしゃ》なく畑や家屋をつぶしていった。

✣「４原則貫徹」と“島ぐるみ闘争”

さらに、54 年３月、米民政府は、軍用地料の一括払いという米陸軍省の計画を発表した。米軍側が一方的に決めた借地料を一括して支払うことで、実質的な永久借地権を得ようというのだ。名目上の所有権は残っても、土地に関する一切の権限を米軍が奪うに等しい計画だった。

沖縄県民はそれまで、米軍の横暴を耐え忍んでいたが、二束三文《にそくさんもん》の借地料（その前に米軍が示した借地料は９坪＝約 30 平方メートルでコーラ１本分という安さだった）による、土地強奪《ごうだつ》に等しい買い上げ方針に衝撃を受ける。住民代表の琉球立法院は 54 年４月 30 日、土地を守るための４原則を決議した。それは、①一括払い反対、②適正補償、③損害賠償、④新規接収反対――という最低限ともいえる要求だった。

決議と同時に、行政府、立法院、市町村長会、土地連合会が４者協議会を結成し、米民政府と交渉したがまとまらず、代表団が渡米して本国政府と交渉することになった。

この渡米代表団に応じる形で、米下院軍事委員会は1955年10月、プライス議員を団長とする調査団を沖縄に派遣した。ところが、調査団が翌56年６月に議会に提出した、いわゆる「プライス勧告《かんこく》」と呼ばれる報告書は、沖縄の軍事的な重要性ばかりを強調し、少しばかりの軍用地料の引き上げを除けば、沖縄の住民の血のにじむような要求をことごとくはねつけるものだった。

プライス勧告のひどい内容が伝わると、沖縄中で戦後10年間の米軍統治の圧政や人権侵害に対する怒りが爆発した。後に「島ぐるみ闘争」と呼ばれるうねりが沖縄全土を覆《おお》った。

軍用地問題は沖縄社会全体の問題として位置付けられ、プライス勧告の発表から２週間とたたないうちに、全64市町村のうち56市町村で「プライス勧告粉砕《ふんさい》」「４原則貫徹《かんてつ》」の住民大会が開かれた。大会には、実に16万人から40万人に及ぶ住民が参加したといわれる。こうした基地の島の動きはようやく本土にも伝わり、戦後初めて沖縄問題が日本の政治問題として注目を集めた。

その結果、米側は、ついに一括払いを撤回し、軍用地料を大幅に引き上げた。さらに、土地使用料を原則毎年払うこととし、５年ごとの土地再評価を約束した。こうして

「島ぐるみ闘争」はいったん、終止符を打つ。

❖本土から沖縄に移ってきた海兵隊

米軍という絶対的な権力者に抵抗し、譲歩《じょうほ》させた「島ぐるみの闘い」に自信を得た沖縄で、労働組合や人権団体、平和団体が次々に結成され、人権尊重《そんちょう》などの権利要求を強めていき、サンフランシスコ講和条約3条によって切り離された「祖国・日本」への復帰運動に合流していった。

こうした沖縄の住民の動きに対し、米側はこれまでの強硬策一点張りの施策を転換し、沖縄住民の分断を意図《いと》した「アメとムチ」の政策を打ち出していく。

敗戦後、日本本土の各地には、地上部隊の海兵隊基地を含め多くの米軍基地が造られた。それらの基地は、1952年の日本の主権回復後も講和条約と同時に締結した日米安保条約によって維持される。それに対し、1950年代、本土の各地で米軍基地に対する反対運動が強まった。

日米の安全保障体制が揺らぐと危ぶんだ日米両政府は、最も問題を起こしやすい地上部隊である海兵隊を沖縄に移すことで日米関係を安定させることにした。それにより、52年の時点で沖縄の約8倍に上《のぼ》っていた本土の米軍基地は、8年後の60年には約4分の1に減った。逆に沖縄の米軍基地は約2倍に拡大されていった。

1950年代から60年代にかけて、沖縄の人々の意思にかかわりなく、米国は沖縄を最も重要な軍事拠点と位置付けた。沖縄を「太平洋の要石《かなめいし》(キーストーン・オブ・ザ・パシフィック)」として、自由に使える基地として確保することにしたのである。本土の基地は日本という「主権国

沖縄米軍基地の変遷

（地図の市町村名は 2013 年時点）

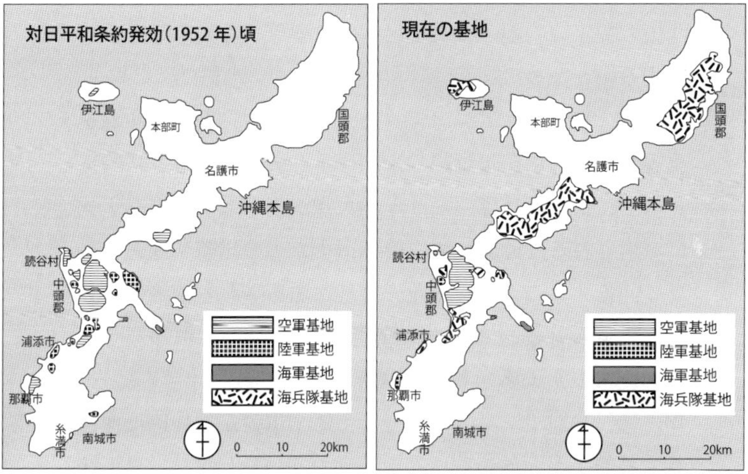

家」との協定で使い方を制約された基地だったのに対し、米軍が統治する沖縄は核兵器をも自由に持ち込むことができ、あらゆる世界紛争に直接出撃することができた。

沖縄で 1960 年代に盛り上がった「本土復帰」「施政権返還」の大前提には、米政府によって在沖米軍基地の機能をいっさい損なってはならないという鉄の枠がはめられていた。

沖縄の核基地化は進み、1957 年から 62 年にかけて、メースB、ナイキ・ハーキュリーズ、リトルジョンなどの核ミサイルが配備されていく。

❖「祖国復帰運動」とベトナム反戦運動

軍事要塞《ようさい》化に抵抗する沖縄で、1960 年に官公労、教職員会、沖縄青年団協議会が世話役となり、政党、労組などが参加して「沖縄県祖国復帰協議会（復帰協）」が結成された。復帰協は反基地・反安保のたたかい、人権や自治権回復の幅広い問題の改善を目指すさまざまな大衆運動が結集する軸となっていく。

一方、米軍は、アジアで「前方展開基地」として沖縄を重視した。1965年以降、米国はベトナム戦争に本格的に介入し、在沖海兵隊のミサイル大隊が南ベトナムのダナンに派遣される。沖縄は米軍のベトナムへの出撃基地としてフル回転することになった。戦地に派遣される前後の米兵が起こす女性暴行などの凶悪《きょうあく》犯罪が頻発《ひんぱつ》し、復帰協を軸としたベトナム戦争への抗議運動が高まった。さらに67年には、基地で働く労働者でつくる全軍労が復帰協に加わり、基地の内と外から反基地運動のうねりが起き、米軍統治の根幹を大きく揺さぶった。

1968年2月にはグアム島からB52戦略爆撃機が台風避難を口実に飛来し、嘉手納基地に居座るようになる。米国の核攻撃力の一翼を担うB52は、ベトナムへ出撃して莫大《ばくだい》な量の爆弾を投下した。同年11月には、嘉手納基地から爆弾を積んで飛び立とうとしたB52が墜落し、核兵器や毒ガス兵器が貯蔵されているといわれた知花《ちばな》弾薬庫近くの滑走路で爆発・炎上する大事故が起きた。

69年11月、佐藤栄作首相とニクソン米大統領の首脳会談で、72年に沖縄の施政権を返還することが決まった。しかし、沖縄返還がベトナム戦争に影響を与えてはならないことや、朝鮮半島や台湾海峡で軍事行動を取らなければならない事態が起きた場合には、在日米軍がすぐに出撃できることなどが確約された。

沖縄の施政権が日本に返還された1972年5月15日、

那覇市で催された「新沖縄県」発足式典で、屋《や》良《ら》朝苗《ちょうびょう》初代県知事は沖縄が本土防衛や経済繁栄の踏み石にされる構図を変えたいという願いを込めて、こう述べた。

「沖縄がこれまで歴史上、常に手段として利用されてきたことを排除し、平和で豊かでより安定した希望の持てる新しい県づくりに全力を挙げなければならない」

しかし、戦争を放棄した平和憲法の下《もと》への復帰を掲げ、「基地のない平和で豊かな島」を望んだ沖縄の人々の思いとは裏腹に、沖縄返還後も広大な米軍基地が沖縄を組み敷く状況はほとんど変わらず、今に至っている。

❖「主権回復」と「屈辱」の落差

沖縄の現代史を振り返る中で、時代の節目を刻んだ３つの日付がある。沖縄戦で日本軍の組織的戦闘が終わったとされる 1945 年６月 23 日、施政権が返還された 72 年５月 15 日、そしてこの日である。

その日は 1952 年４月 28 日だ。先に簡単に触れたが、敗戦国の日本が独立を回復し、国際社会に復帰することになったサンフランシスコ講和条約が発効した日だ。しかし、同時に奄美《あまみ》、小笠原諸島《おがさわらしょとう》とともに沖縄が日本から切り離された日だった。つまり、沖縄が日本ではなくなった日である。

講和条約３条によって、沖縄は事実上、半永久的に米国の支配の下に置かれ続けることが事実上決まった。米国は、敗戦国・日本をはじめとする戦争をした多くの国々が同意する中で、沖縄を合法的に“支配”することを認められた。米軍の圧政の下に沖縄を人質《ひとじち》として差し出す代わりに、日

2013年、政府は4月28日を「主権回復の日」として式典を挙行したが、沖縄にとってこの日は、日本全体から切り捨てられた「屈辱の日」として記憶されてきた。政府の「主権回復の日」に反対して開かれた県民大会。(2013年4月28日)

本は占領状態から抜け出して独立国として主権を回復したのである。

その後、1955年に6歳の幼女が米兵に暴行されて殺害される事件（由美子ちゃん事件）が発生し、1959年6月には米軍機が石川市（現うるま市）の宮森小学校に墜落し、児童を含む18人が亡くなる大惨事が起きるなど、沖縄の人々は戦争の傷が癒《い》えない中でさらなる犠牲に苦しんだ。

沖縄住民の尊厳が踏みにじられる状況に対し、1961年の「復帰協」の総会で初めて用いられて以来、沖縄社会は、4月28日を「屈辱《くつじょく》の日」と呼ぶようになった。

「屈辱の日」という呼び名が初めて用いられてから52年がたった2013年3月、自民党政権の安倍晋三首相は、沖縄にとって苦難の戦後史の原点である「屈辱の日」＝4

月 28 日に、政府主催の「主権回復の日」式典を開くことを表明した。

沖縄から強い反発の声が上がったことを受け、安倍首相は「沖縄の苦難の歴史にも寄り添《そ》う」と取りつくろったが、式典は予定どおり強行された。当日、会場では「ばんざい」三唱まで行なわれた。

一方、政府の式典に抗議する「屈辱の日」沖縄大会が宜《ぎ》野湾《のわん》市で催され、熱気が渦巻いた。「がってぃんならん（絶対に許されない）」が大会を貫くキーワードとなり、５回、唱和された。「黙っていては認めたことになる」（稲嶺進名護市長）など、登壇者の発言は安倍政権への抗議にとどまらず、沖縄の自己決定権と不可分の「真の主権」を日本国民の手に取り戻す決意に満ちていた。

政府による「主権回復の日」式典の強行は、４・28 が何の日かを知らなかった若い世代を含む幅広い層の県民が、沖縄の犠牲の上に本土が繁栄した戦後史を振り返る機会ともなった。

✣「沖縄の未来は沖縄が決める」民意強まる

米軍普天間飛行場移設に伴う名護市辺野古《へのこ》への新基地建設、海兵隊のオスプレイ配備に反対する“沖縄の民意”は 2014 年の各種選挙でいっそう鮮明に打ち出された。

その前段の 2013 年 11 月、自民党の県選出・出身国会議員５氏が同党本部の圧力に屈して、「県外移設」の公約をひるがえし「県内移設」に転換した。自民党幹事長の傍らでうなだれる５氏の姿は、「平成の琉球処分」とも称された。

翌 12 月末にはこんどは仲井真弘多《なかいまひろかず》知事が辺野古埋め立

てを承認し、「公約違反」だとして県民の猛反発を受けた。この相次いだ二つの事例により、沖縄の県民世論はいっそう「新基地ノー」へと傾いてゆく。

明けて翌14年1月の名護市長選挙では、「辺野古の海にも陸にも新基地は造らせない」と訴えた稲嶺《いなみね》進氏が再選を果たした。それでも政府は8月に辺野古埋め立てに向けた海上工事に強行着手したが、沖縄の今後を決するとされた11月の沖縄県知事選では、辺野古移設に反対する前那覇市長の翁長雄志《おながたけし》氏が、移設を推進して3選を目指した現職の仲井真氏ら3氏を破り、初当選した。翁長氏は36万票余を獲得し、仲井真氏に約10万票の大差を付けた。

翁長氏は「沖縄のことは沖縄が決める」「米軍基地は沖縄経済発展の最大の阻害要因」と主張、従来の保守対革新の対立を超えた「オール沖縄」の結束を訴えた。その翁長氏を、これまでの野党各党と、自民党本部とたもとを分かった那覇市議団、経済界有志などが支援、保守・革新の違いを超え、翁長氏は初の保守分裂となった知事選を勝ち抜き、ここに改めて「新基地ノー」の民意が打ち出された。

さらに続いて同年12月14日に投開票された衆議院議員選挙でも異例の事態が起こり、県内移設容認に転換した自民党の4氏全員が選挙区で落選し、翁長氏を支持する「オール沖縄」陣営の候補が全勝した。

「新基地」建設反対という沖縄の「民意」はこのように繰り返し明らかにされた。しかし政府は方針を変えずに基地建設の工事を押しすすめ、2015年末、沖縄県と政府の対決はついに裁判の場に持ち込まれた。日本の政治史の上でも前代未聞の事態が、今ここに引き起こされつつある。

III

亜熱帯・沖縄の自然

ガジュマルの木。枝からもたくさんの気根を大地におろす。(© OCVB)

地図を開いてすぐにわかる沖縄県の特色は、ここが「島と海」の県だということ。九州の南、広大な海の上に点々とつらなる島じま――これが沖縄県だ。

もう一つ、すぐにわかることは、ここが日本のいちばん南にあることだ。そう、ここは「亜熱帯」の地域なのだ。

ここでは、温帯地域では見ることのできない「島と海」の地形や風景、またそこに住むさまざまな動物や植物に接することができる。その自然と、さらにその自然をたくみに利用した伝統的な建築物や料理など、温帯の本土にはない亜熱帯・沖縄を、あなた自身の目と足、そして舌と肌で、発見し、体験してほしい、

❖琉球弧の島じま

もう一度、地図を開いてみよう。九州島から台湾島まで、およそ1300キロの海上に、188の島がつらなっている（うち有人島は68島）。地理学や地質学では、これを琉球弧《りゅうきゅうこ》とか琉球列島と呼ぶ。

この「琉球弧」という命名は、明治時代の初め、東京大学の地質学の教授として来日したドイツ人のエドムント・ナウマンによるものだ。ナウマンは、日本列島の地質構造図を最初に作った人で、例の「ナウマン象」もその名にちなんでつけられた。「弧」というのは、弓なりに湾曲《わんきょく》した曲線のことだから、「琉球弧」とは、弓なりにつらなった琉球の列島（弧状列島）という意味だ。

この琉球弧を、北から見てゆくと、まず種子島《たねがしま》、屋久《やく》島などの大隅《おおすみ》諸島があって、次に火山島の並ぶトカラ列島があり、それから奄美《あまみ》大島、徳之島《とくのしま》、沖永良部島《おきのえらぶじま》、与《よ》

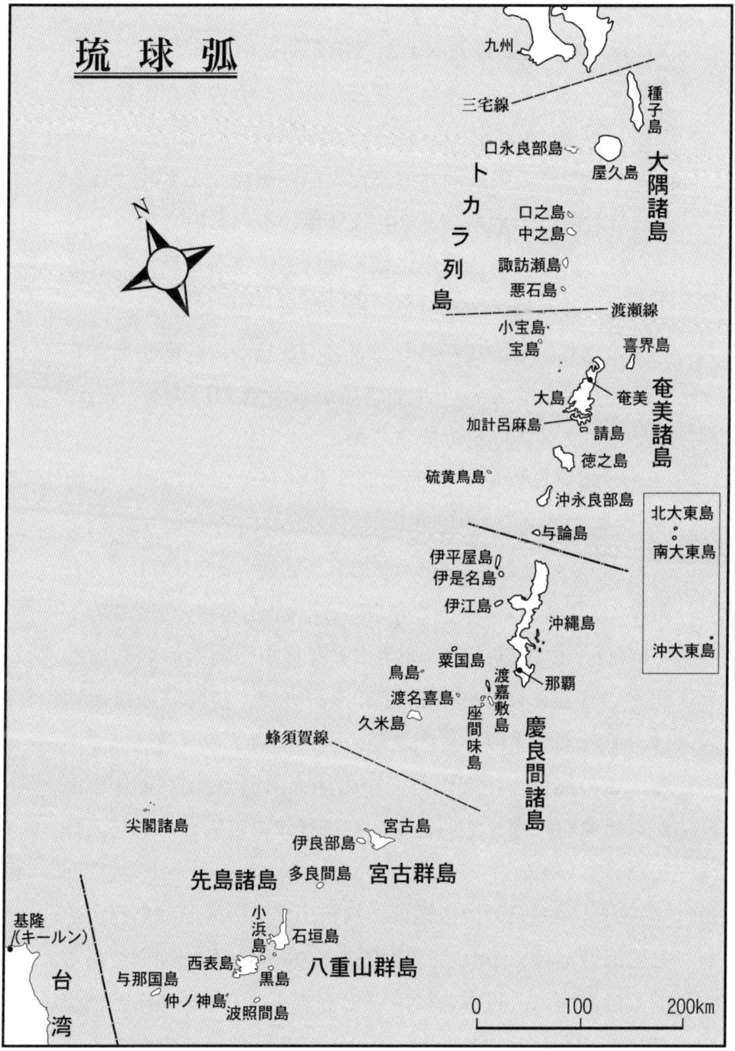
琉球弧
N
九州
三宅線
種子島
口永良部島
屋久島
大隅諸島
トカラ列島
口之島
中之島
諏訪瀬島
悪石島
渡瀬線
小宝島・
宝島
喜界島
大島
奄美
奄美諸島
加計呂麻島
請島
徳之島
硫黄鳥島
沖永良部島
北大東島
南大東島
沖大東島
与論島
伊平屋島
伊是名島
伊江島
沖縄島
粟国島
鳥島
那覇
渡名喜島
渡嘉敷島
座間味島
久米島
慶良間諸島
蜂須賀線
尖閣諸島
宮古島
伊良部島
先島諸島
多良間島
宮古群島
基隆
(キールン)
小浜島
石垣島
西表島
台湾
与那国島
黒島
八重山群島
仲ノ神島
波照間島
0
100
200km

論島《ろんとう》などの奄美諸島とつづいて、その南が沖縄島を中心とする沖縄諸島となる（沖縄島は一般に「沖縄本島」と呼ばれる）。その沖縄諸島から、さらにぐんと南へくだって、宮古島《みやこじま》、多良間島《たらま》などの宮古諸島があり、そのまた南に、石垣島《いしがき》、西表島《いりおもて》などからなる八重山《やえやま》諸島がひろがる。

ところで、この琉球弧はまた「南西諸島」とも呼ばれる。これは行政上の地名で、明治20年ごろ、政府によってつけられた。この南西諸島には、琉球弧のほかに新たに大東《だいとう》諸島と尖閣《せんかく》諸島が加わって、島の数は199島となる。

このうち、与論島から北にある38島が、薩南《さつなん》諸島として鹿児島県に含まれ、沖縄諸島から南の161島が、琉球諸島として沖縄県を形成するのだ。

この鹿児島県側と沖縄県側を仕切っている線が、北緯27度線である（1972年以前、沖縄が日本から切り離され、アメリカ軍の統治下にあったときは、朝鮮半島を分断してきた北緯38度線のように、この北緯27度線も特別の意味をもっていた）。したがって、北緯27度線が沖縄県のいちばん北ということになるが、ところが実は、沖縄県の最北端は、それより北の方、徳之島の西に位置する硫黄鳥島《いおうとりしま》である。この島は、沖縄ただ一つの活火山島で、約600年前から硫黄を採掘していたが、1959年の噴火いらい無人島になっている。

一方、沖縄県の最南端は、八重山諸島の波照間《はてるま》島だ。そして最西端は、これも八重山諸島の一つ、与那国《よなぐに》島である。ここは同時に、日本の最西端でもある。この島から台湾まではわずかに120キロ、年に1、2度は台湾の山並みを遠望することができるという。

なお、八重山諸島に含まれる尖閣《せんかく》諸島は、東シナ海の大陸棚の上にある８つの無人島からなる。かつて「進貢船《しんこうせん》貿易」時代（次章参照）黒潮を横切っての中国との往来のさい重要な指標となった島じまだが、現在は中国や台湾も領有権を主張している“紛争の島”だ。

最後に、沖縄島の東300キロの海上に浮かぶ大東諸島は、３つの孤島からなり、北大東島が沖縄県の最東端の島になる。

この尖閣、大東の２つの島じまは、前に述べたように、地学的には琉球弧（列島）には属さない離島群である。

✣「高島」と「低島」

さて、沖縄県はこのように161の島じまからなるが、その島じまを見るさい、次の２つに分類して見ると、その自然が理解しやすい。１つは、山をもつ高い島「高島《こうとう》」、いま１つは山をもたない低い島「低島《ていとう》」だ。いいかえれば、高島は「山地島」、低島が「台地島」となる。

この「高島」「低島」という分類法は、クックの時代に使われ始めたと伝えられる。18世紀後半、太平洋を探検し、オーストラリア原住民の意志とは無関係にそのイギリス領有を「宣言」した、あのキャプテン・クックである。

ではさっそく、この分類法で、琉球弧の島じまを見てみよう。まず「高島」。北から南へ、屋久《やく》島、トカラ列島、奄美《あまみ》大島、徳之島《とくのしま》、久米《くめ》島、渡嘉敷《とかしき》島、座間味《ざまみ》島、ずっと南へきて石垣《いしがき》島、西表《いりおもて》島などがそうである。樹齢数千年をこえる杉の古木で有名な屋久島や、イリオモテヤマネコの生息する西表島を考えれば、その姿が想像できるだろう。

高島の一つ、慶良間諸島の座間味島。「集団自決」が起こった悲劇の島だ。（©OCVB）

低島の一つ、伊江島。ここも沖縄戦の激戦地となった。今も島の3分の1が米軍飛行場基地となっている。（©OCVB）

一方の「低島」の代表は、これも北から、種子島《たねがしま》、喜《き》界《かい》島、沖《おきの》永良部《えらぶ》島、与論《よろん》島、伊江《いえ》島、宮古《みやこ》諸島、竹富《たけとみ》島、波照間《はてるま》島などである。水平線の上に、薄いお盆を伏せたような島の姿は、はじめて見る人には、それが島影だとはすぐには信じられないほどだ。

「高島」と「低島」が合体したような島もある。沖縄本島だ。その北部が、地元で山原《やんばる》と呼ばれる山岳地帯なのに対し、中南部は平坦な台地状をなす。つまり、島の中央部で、「高島」と「低島」が接合した形になっているのだ。

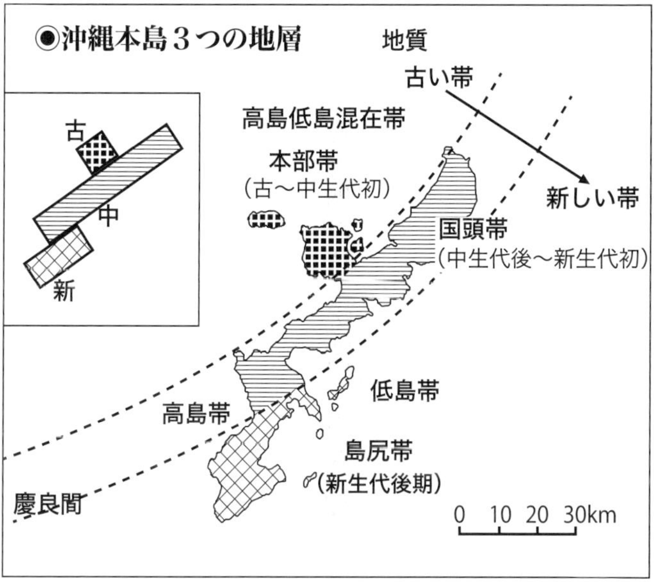

では、同じ地域にあるのに、どうしてこんなに島の形が違うのだろう。それは、島のなりたち（起源）が異なるからだ。まず「高島」は、大陸島か、火山島か、そのどちらかに入る。大陸島とは、もともと大陸の一部だったのが、陸地の陥没《かんぼつ》などで大陸から切り離された島のことだ。琉球列島の場合、約100万年前に大陸から分離したと推定されている。火山島は、いうまでもなく約258万年以降（第四紀）の火山活動によって生まれた島だ。

こうした「高島」に対して、「低島」は隆起サンゴ礁《しょう》の島である。つまり、サンゴや有孔虫《ゆうこうちゅう》や石灰藻《せっかいそう》などの生物がつくりだした石灰岩で構成される島なのだ。この石灰岩を、琉球列島の場合、琉球石灰岩と呼ぶ。

このように島のなりたちそのものが違えば、当然、島の地形や土壌も違ってくる。また、地形や土壌が違えば、水の流れ方や蓄えられ方も違ってくる。尾根《おね》や谷のある「高島」では河川《かせん》が中心となり、「低島」のサンゴ島では、地下水脈が発達することになるのだ。

さらに、地形や土壌、水の環境が変われば、当然、集落の立地や農業での土地利用の仕方なども変わってくる。こうして、そこが「高島」か「低島」かで、島の自然と人々の暮らしとのかかわりも見えてくる。

❖洞穴と泉の島

沖縄戦の激戦地となった沖縄島中南部を歩くと、そこはどこも洞穴《どうけつ》だ。その洞穴を、沖縄では「ガマ」または「アブ」という。人工のものもあるが、ほとんどは天然の洞穴だ。隙間《すきま》の多い琉球石灰岩の洞穴だから、天井《てんじょう》からポタポタ水滴が落ちてくる。よく見ると、鍾乳石《しょうにゅうせき》（つらら石）も見つかるはずだ。

こうした洞穴は、石灰洞あるいは鍾乳洞《しょうにゅうどう》と呼び、石灰岩地域にできるものだ。前に述べた「低島」は石灰岩の島だから、この洞穴が無数に存在する。とくに沖縄の島じまは空隙《くうげき》や割れ目の多い琉球石灰岩でできているため、地上に降った雨水は、ほとんどが地下に浸透して地下水脈となる。だから人々は、昔から、泉（湧水《わきみず》）か井戸、また洞穴《どうけつ》泉《せん》を利用して生活してきた。「低島」は「洞穴と泉の島」でもあるのだ。

以上のように書くと、石灰岩は水に溶けやすいのだなと思われるかも知れない。しかし石灰岩は、雨水が直接当たっても、ほとんど溶けることはない。ただし、土壌中の炭酸ガスを含んだ「炭酸水」には、よく溶ける。とくに沖縄の島じまの場合、気温が高いため土壌生物が多

玉泉堂の東洋一洞。高さ 20 メートルの天井から鍾乳石が垂れ、無数の石筍（せきじゅん）が立ち並ぶ。(Ⓒ OCVB)

く、その呼吸作用で炭酸ガスの濃度が高いので（空気中の10～100倍）、日本本土にくらべ溶解量が大きい。しかも「低島」は島中が石灰岩でできているのだから、いたるところに洞穴ができるのだ。

また琉球石灰岩の下には一般に、水を通しにくい泥岩《でいがん》層があり、この境目《さかいめ》の部分が地下水の通路となりやすく、ここに洞穴（横穴）が形成されることが多い。さらに洞穴は、石灰岩が溶けて拡大するほかに、天井が落下して大きくなることも多い。観光地として有名な玉泉洞《ぎょくせんどう》（おきなわワールド）などもそうだが、天井の高くなっているところの下は、上から落下した岩石でうずたかくなっている。また、この天井の落下によって地表に穴があいてしまうこともある。これを陥没《かんぼつ》ドリーネと呼ぶ。「ひめゆりの塔」のそばに口を開けている洞穴（第三外科壕）が、この陥没ドリーネである。

ところで沖縄では、地表を流れていた河川が途中で消えてしまうことがある。琉球石灰岩地域に入り、地下にもぐって洞穴をつくるのだ（地下河川）。その典型例は、玉泉洞で見ることができる。玉泉洞の観光通路は、この地下河川の一部だからだ。

なお、その出口に近い東洋一洞（前ページ写真）は、それまでの洞内とちがって位置も高く、洞の底に水流もない。より古い時期にできた洞穴だからだ。そのため、上から落ちる形のつらら石に比べ、下から生える形の石筍《せきじゅん》や石柱が大きく目立つ景観となっている。さらに、玉泉洞の園内にある珍々洞では川がトンネルの中へ入って行く様子や、奇妙なつらら石などを観察できる。

❖サンゴとサンゴ礁

さて、このように沖縄の島じまに洞穴《どうけつ》が多いのは、前に述べたように、ここがサンゴなどの生物がつくりだした石灰岩、つまりサンゴ礁《しょう》からできた島だからだ。

琉球弧《こ》の島じまがサンゴ礁だということは、上空から見れば一目でわかる。運よく晴れてさえいれば、名古屋空港以西の出発便なら、九州島から南に点々とつらなる島じま（薩南諸島）が、羽田空港発なら、奄美《あまみ》大島から南の島じまが、機上から観察できるだろう。このうち奄美諸島から南の島じまは、コバルトブルーの外洋と、島との間に、エメラルド色の帯がハッキリと認められるはずだ。これが、サンゴ礁である。

ところで、サンゴとサンゴ礁とは、よく混同される。ひと言で説明すると、こうだ。

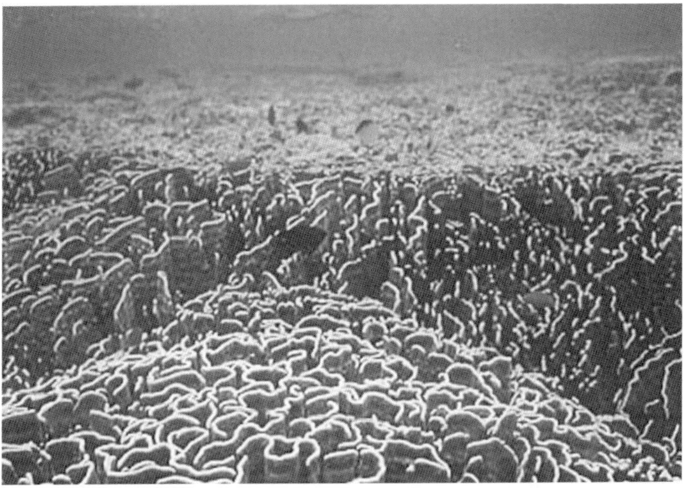

石垣島・白保のアオサンゴの大群落。その見事さは世界随一といわれている。

サンゴは、生物（動物）である。それに対して、サンゴ礁は石灰岩の岩体であり、「地形」である。だから、かりにサンゴが生息していたとしても、そこが必ずしも「サンゴ礁」とは限らない。たとえば、九州や四国、紀伊半島の沿岸にはサンゴが生息してはいるが、「サンゴ礁」の発達はない。日本でサンゴ礁が見られるのは、ほぼ北緯30度の種子島《たねがしま》以南だけである。南西諸島のほかは小笠原諸島が「サンゴ礁の海」であり、世界的にみると「北限のサンゴ礁」地域でもある。

サンゴは、漢字で「珊瑚」と書く。この「珊瑚」はもともと宝石のサンゴを指したもので、深海に生息して「サンゴ礁」をつくらない非造礁《ぞうしょう》サンゴの仲間である。

これに対し、造礁サンゴは熱帯・亜熱帯の浅い海（水深100メートル以下）に成育する。その造礁サンゴを中心に、有孔虫《ゆうこうちゅう》や石灰藻《せっかいそう》など石灰分を分泌《ぶんぴつ》する生物群の遺骸《いがい》が海面まで積み重なってできたものが「サンゴ礁」なのだ。

この「サンゴ礁」は、地球上で生物がつくる最大の構造物である。あの長大なオーストラリアのグレート・バリア・リーフも、林立する奇岩で有名な中国の桂林《けいりん》の景観も、もとはといえば、海水中のカルシウムや炭酸ガスを固定化して岩石にする、これらサンゴ礁の生物たちがつくりあげたものなのだ。

サンゴ礁でいとなまれる生態系は、生物の種の多様性と生産性の高さできわだっており、熱帯雨林と並んで、地球環境を左右する重要な要素となっている。そのためサンゴ礁は、「海のオアシス」「海の熱帯雨林」などと呼ばれる。

✣サンゴ礁の生き物たち

琉球弧のサンゴ礁は、その形と成り立ちから、裾礁《きょしょう》、堡礁《ほしょう》、台礁、離礁の４つに区分できるが、大半は裾礁に属する。つまり、島の周りにサンゴ礁が棚《たな》状に付着したタイプだ。干潮時には一面、岩場（礁原《しょうげん》、沖縄では干瀬《ひし》という）となる所もあるが、その幅が300メートルくらい以上広くなると、浜と干瀬との間に水深１～３メートルの礁池《しょうち》（沖縄ではイノーという）をつくる。干瀬は、いわゆるリーフであるが、満潮《まんちょう》時には海中に没する。

さて、沖縄の浜辺を歩くと、宝石の珊瑚は見られないが、サンゴ礁にはどんな生物が生きているかがわかる。というのも、浜辺《はまべ》の砂はほとんどが生物の遺骸《いがい》である石灰分の砂や石でできているからだ。鉱物や岩石が小さく砕けてできた本上の浜と違って、サンゴ礁の浜が白く輝いて美しいのはこのためだ。少し注意しながら歩くと、砂の中に、サン

生きているサンゴ礁は、生き物たちのゆりかごであり、遊び場、暮らしの場である。(ⓒ OCVB)

ゴの骨格や貝殻《かいがら》に混じって、小さなビンに入れて売られている星砂《はしずな》や太陽砂（どちらも有孔虫《ゆうこうちゅう》の遺骸）、あるいは石灰藻（海藻でも石になる！）やウニのトゲなどを見つけることができるだろう。

浜辺の観察を終えたら、いよいよ海の中へ入って、生きているサンゴ礁をつぶさに眺めたいところだ。しかし残念ながら、ビーチと呼ぶ海水浴場では、生きているサンゴは、まず見ることができない。というのは、サンゴの群落が成育するのは、砂地でなく岩場であり、しかも波が強く、流れが速いほどいいのだ。つまり、ビーチにはもっとも不適切な所、そこがサンゴの群生地なのだ。

だから、修学旅行でサンゴ礁の海を泳ぐのはやはり無理ということになる。しかし、「海の熱帯雨林」であるサンゴの海について知っておくことは必要だ。

「サンゴ礁生態系」と呼ばれるように、さまざまな海の生物が、同じ一つの環境の下で、相互にかかわりあって生きている場がサンゴ礁である。その生態系の中心が、いうまでもなく造礁《ぞうしょう》サンゴだ。

この造礁サンゴは、分類学的には、イソギンチャクやクラゲ、ヒドラなどと同じ刺胞《しほう》動物の仲間で、その大半が花虫綱のイシサンゴ類だ。形や色、大きさはさまざまだが、基本的には1つのポリプ（サンゴ虫）はイソギンチャクやクラゲのような形をして、触手《しょくしゅ》の先にある刺胞を発射して餌《えさ》を捕らえる。ただ、イソギンチャクと異なるのは、石灰分を分泌して骨格をつくりだし、その骨格を共有する「群体」となって生活していることだ。この石灰質の骨格が、年をへるごとに成長して大きな岩となり、他の大きな岩と合体して広がってできたのが、前に述べた干瀬《ひし》（礁《しょう》原《げん》、リーフ）というわけだ。

ところで、一つひとつのポリプの外皮の部分には、大量の褐虫藻《かっちゅうそう》が住みつき、光合成をしながら、サンゴと共生関係を結んで生活している。というより、この褐虫藻という相棒がいなければ、サンゴは生きてゆけない。造礁サンゴが水の澄んだ浅い海にいて、光のとどかない深海にいないのは、そこではこの褐虫藻は光合成ができないからだ。時に、異常水温や淡水化などでサンゴが突然、真っ白になって死ぬ（白化現象）のは、この褐虫藻がサンゴから逃げ出したためだ。ちなみに、ピンクや緑など、さまざまなサンゴの色も、この褐虫藻によることが多い。

共生関係といえば、サンゴ礁生態系全体が広い意味での共生関係にあるといえる。まずサンゴ群集には、そこを住み家《か》とし、隠れ家《が》とする生物が、必ず見られる。中で目立つのがスズメダイ類やチョウチョウウオ類の魚たちだ。カラフルなスズメダイの乱舞はいかにも楽しいし、ポリプをついばむチョウチョウウオの姿はなんとも優雅だ。また、サンゴの骨格の隙間を利用したり、穴をあけたりして住むものに、エビやカニ類、巻き貝や二枚貝、クモヒトデ類、ゴカイ類などが見られる。

そのほか共生関係でよく知られているものとして、大きなイソギンチャクにはかわいいクマノミ家族が、どこでも観察できるし、イノーの砂地ではハゼ類とテッポウエビ類がいつも一緒に生活しているのが見られる。魚どうしでも、魚の掃除が専門のホンソメワケベラは、多くの魚と共生して暮らしている。

サンゴ礁はまた、海産植物（海藻、海草）も豊富だ。とくに藻場《もば》は、魚だけでなく、ウニ、ナマコなどが多く住んでいる。

この海草藻場を餌場《えさば》にするのがジュゴン（沖縄ではザン）だ。1998年にはじめて沖縄本島北部の大浦湾《おおうら》の沖合で泳ぐ姿が確認され、大きなニュースとなった。大浦湾は、普天間基地の代替計画地であり、この基地建設で、ジュゴンの絶滅が危惧され、その保護運動も盛んになった。

星砂や太陽砂などの有孔虫《ゆうこうちゅう》も、海藻などに付着して生きている。海藻の中でもサンゴモなどの石灰藻《せっかいそう》は、分泌した石灰分が砂になったり、サンゴの岩体の隙間を固めたりして、「サンゴ礁」建設の重要な役割をになっている。

✣危機の中のサンゴの海

造礁《ぞうしょう》サンゴの種《しゅ》はきわめて多く、世界で700～800

種といわれている。数があいまいなのは、海中調査が困難なのと、分類が複雑なためだ。ところがこの700～800種のサンゴのうち、石垣島《いしがき》・西表《いりおもて》島を中心とする八重山《やえやま》諸島では、約360種が確認されている。沖縄のサンゴの海が、いかに豊かな海であるかがわかるだろう。

ところがいま、この沖縄の海が、ひん死の状態になっている。沖縄戦が終わってまもない中学生時代から40年、沖縄の海にもぐってウォッチングをつづけてきた吉嶺全二《よしみねぜんじ》さん（故人）が、かつての生きいきとして色彩にあふれていた本来の姿から見れば、沖縄のサンゴの海は99%が壊滅状態になったと証言したのは1985年ころのことだ（写真集『沖縄・海は泣いている』高文研）。現在、健全な姿のままで残っているのは、ごく限られた地域である。

では、どうしてこんなことになってしまったのか。吉嶺さんをはじめ多くの人が指摘しているのは、土壌流出による海の汚染、いわゆる「赤土汚染」と、その汚染にともなって大発生するオニヒトデによる食害だ。サンゴにとりついたオニヒトデは、またたくまにサンゴを食べつくし、美しかったサンゴ礁を瓦礫《がれき》の海底に変えてゆく。

1972年、沖縄が日本に復帰すると同時に、国の資金を投入しての振興《しんこう》開発事業が始まった。事業の開始そのものは、沖縄がこれまで強《し》いられてきた犠牲の大きさを考えれば、当然だった。問題は、その事業のやり方だ。最初に述べたとおり、沖縄は日本で唯一、全県が亜熱帯の地域だ。自然条件が異なれば、当然、事業（工事）のすすめ方も違ってこなくてはならない。

ところが、沖縄での開発事業は、この自然環境の違いを無視して、まったく「本土並み」の基準や規格にもとづいてすすめられた。それはたとえば、森林を伐採《ばっさい》してブルドーザーで大地を掘り返し、山をけずり、谷を埋め、コンクリートを流し込むような「開発」だった。

亜熱帯である沖縄の土壌は、長年の風化作用で、こまかい砂泥《さでい》状になっている。そのため、裸地《らち》化されると、容易に雨水に浸食される。しかも、沖縄はどこも小さな島だ。土砂を含んだ雨水は、コンクリートで固められた排水溝をいっきに駆け下り、海に流れ込む。

沖縄島の北部は、前に書いたとおり「高島《こうとう》」で、その土壌は酸化鉄を多く含んだ赤土だ。海に流れ込んだ赤土は、海の色を赤茶色に染める。しかもそこは、サンゴの海だ。沖合には、干瀬《ひし》（リーフ）がある、そのため赤土は、外洋へそのまま流れていかず、リーフの内側に堆積《たいせき》する。晴れた日でも、海の中は薄にごりだし、少し強い風が吹くと、底に沈んでいた土が舞い上がる。

泥の流れ込むイノー（礁池《しょうち》）では、サンゴなどの生き物がめっきり減少する。こうして、陸上の「開発」がすすむにつれ、海の中には、死の世界がひろがっていったのだ。

いま、かけがえのない地球環境をどう守るかが、21 世紀の人類の最大の課題の一つとなっている。その課題はなにも遠いところにあるのではない。さしあたり、私たちの前には、危機にひんしたサンゴの海がある。この「海の熱帯雨林」「海のオアシス」をどうしたら救えるか――そうした課題について考えることも、「沖縄修学旅行」の目的の一つに加えて悪いはずはない。

❖沖縄の気候と台風

沖縄という地域の第一の特徴は、最初に述べたとおり、ここが亜熱帯だということだ。冬の沖縄へ、本土からやってくると、その暖かいのにビックリする。なにしろ気温が10度以上もちがうのだから。

1月の下旬に、沖縄島の北部、名護《なご》市で「桜まつり」がある（ただし桜はヒカンザクラ）。もちろん、雪は降らない。5月のゴールデン・ウィーク前までに、すべてのビーチで「海開き」が終わる。年中、カラフルな草花が咲き乱れ、紅葉《こうよう》もない。要するに、長くて暑い夏と、短くて暖かい冬があり、その間に春と秋が短くあって、季節の変わり目を感じ取りにくいというのが、沖縄の四季だ。

これを地理の教科書風にいえば――沖縄は、ユーラシア大陸の東岸、北回帰線のすぐ北に位置し、黒潮《くろしお》の影響もあって、亜熱帯で海洋性のモンスーン（季節風）気候――ということになる。じっさい、年平均気温を見ても、県下のどの地域も21.5～23.8度の間にあり、月平均気温が20度をこす月が8～9カ月に及ぶ反面、真夏でもいちじるしい高温にならないのは海洋性のためである（最も暑い7月の平均気温が27.7～29.1度）。

ところが一方、この沖縄の夏は、台風の季節でもある。南東海上（北半球西太平洋海域）で発生した熱帯低気圧が、最大風速17メートル／s以上に発達すると、台風と呼ぶ。年間発生数は平均28個で、うち7～8個が沖縄近海に接近する。時期は、ほとんどが7～10月に集中する。

台風の進路は、太平洋高気圧のへりに沿って、西へまっ

沖縄の最大の悩みは慢性的な水不足。家々の屋上には球形や円筒形の貯水タンクが設置されている。

すぐに進むか、あるいは途中で北西から北、北東に方向を変えて進む。沖縄の位置は、ちょうどこの方向を変える転向点に当たっており、そこでは台風の進行速度が遅くなるため、暴風雨にさらされる時間も長くなる。そこで大型台風ではしばしば、風水害や塩害《えんがい》、また高波《たかなみ》、高潮《たかしお》による災害を引き起こす。

沖縄本島の年間降水量は平均2000ミリ（1981～2010年）であるが、その約25%は、この台風によるものである。これに梅雨《つゆ》を合わせると、40～50%にもなる。

ところが、台風も梅雨も、年によって降水量の変動が大きい。そこで、雨の少ない年には、大変な干ばつに見舞われることになる。その上、沖縄の島はそれぞれ小さいので、河川《かせん》も小さく、ダムなどの貯水能力も限られる。その結果農作物の被害ばかりか、水不足による節水・断水《だんすい》が、長いときには数カ月もつづくことがある。復帰以後、沖縄本島の北部や石垣島にダムが建設されたが、それでも毎年のように水不足や断水騒ぎがニュースになる。

わけても干ばつは、「低島《ていとう》」の島じまで深刻だ。その島じまには、山がなく、川もなく、そのためダムが造れないからだ。しかも、琉球石灰岩でなりたつ「低島」は土壌が浅いため、農作物にもすぐに被害が出る。そこで近年、近くの「高島《こうとう》」からの「海底送水」の施設が整備されてきた。また宮古《みやこ》島では、琉球石灰岩の中に水を蓄える、世界最初の本格的な「地下ダム」が完成し、農業用水として使われている。南大東島では、海水を淡水化する施設もできた。

宮古島の代表的な民謡であるクイチャー（雨乞いの踊り）にみられるように、昔から干ばつに襲われた島の人々の苦しみや願いが、各地の神歌や民謡に残っている。台風が来れば災害を起こし、来なければ干ばつとなる。そんな孤島の苦しみが、「シマチャビ」（島痛み、離島苦）という言葉に込められている。

❖東洋のガラパゴス

サンゴの海に生きる生物たちについては、前に紹介した。次に、陸上に棲《す》む生き物たちを眺めてみよう。

沖縄の陸上生物は、陸地面積が狭いのに固有種が多いというのが第一の特徴だ。固有種とは、特定の地域だけに限って分布している生物の「種」のことをいう。沖縄にその固有種が多いのは、前にも「高島」「低島」のところでふれたように、かつては大陸と地続きだった沖縄の島じまが、約100万年前ごろ、切り離されてしまったことによる。かつては大陸にも棲んでいた同属・同種の仲間が、大陸ではたとえば生存競争に敗れて死に絶えたのに、海でへだてられた島では、現在まで生き延びてきたのだ。

その固有種の中でも大型のものが、近年、あいついで発見された。イリオモテヤマネコ（1965年）やヤンバルクイナ（1981年）、あるいは日本最大の昆虫であるヤンバルテナガコガネの新種（1984年）などだ。こうした衝撃的な発見から、奄美《あまみ》以南の琉球列島は、ダーウィンの調査で有名になった南米エクアドル沖のガラパゴス諸島にちなんで「東洋のガラパゴス」とも呼ばれるようになった。

ではまず、哺乳類《ほにゅうるい》から、沖縄の代表的な固有種を見てみよう。

西表《いりおもて》島だけに生息するイリオモテヤマネコの発見は、20世紀最大の大型哺乳動物の発見といわれる。この島だけにしか存在しない、世界的に珍しい野生のネコだ。大きさは、イエネコよりやや大きい程度だが、現存するヤマネコ類の中では原始的な形を残している。国の「特別天然記念物」に指定され、調査・保護活動もすすめられているが、生息地の減少や交通事故などで絶滅が危惧《きぐ》されている。

ケナガネズミとトゲネズミは、1属1種の固有のノネズミで、沖縄本島と奄美大島、徳之島《とくのしま》に棲む。ケナガネズミは、ノネズミの中では最大種で、体長50センチほどにもなる。その近縁種は、遠くスマトラに分布するが、中国大陸や台湾、日本本土には生息していない。また、体に針状の毛をもつトゲネズミは、インドやジャワ島などに近縁種がいる。

奄美大島と徳之島の森林地域には、また、アマミノクロ

沖縄の島々は固有種の宝庫だ。これは大東島だけに棲むダイトウコウモリ。(Ⓒ OCVB)

ウサギが生息している。これも世界的に最も古い系統に属する野生のウサギで、1属1種の「生きた化石《かせき》」として有名だ。

鳥類に移ろう。奄美以南の琉球列島では、約320種の鳥の観察が記録されている。その大部分は渡り鳥と迷鳥だが、しかし「留鳥《りゅうちょう》」も約50種あまりが知られ、その多くは固有種となっている。

最も有名なヤンバルクイナは、ほとんど飛べない鳥だが、日本では60年ぶりの新種の鳥の発見（1981年）だというので、大ニュースとなった。

そのヤンバルクイナと同様、沖縄島の北部（山原《やんばる》）の山林にすむノグチゲラは、これも1属1種の、世界的な珍鳥である。その個体種は、わずかに100羽ほどと推定され、また老木を利用するキツツキの仲間であるため、「開発」による森林伐採《ばっさい》で生息地が狭まり、その絶滅が最も心配されている。

　最後に、爬虫《はちゅう》類を見ておこう。ヘビ、トカゲ、カメなどの爬虫類は、琉球列島には40種内外が棲《す》み、日本国内ではその種類の多い地域だ。ハブなどのヘビ類のほか、トカゲとヤモリの中間的な形態を持つトカゲモドキなど、固有種も多い。

　琉球のヘビといえば、毒ヘビのハブ類が有名だ。猛毒をもつ攻撃的なヘビとして、昔から恐れられてきた。このハブ類のうち、トカラハブはトカラ列島の宝島と小宝島にすみ、ハブとヒメハブが沖縄諸島と奄美諸島にすみ、サキシマハブが八重山諸島に生息する。ところが、八重山のとなりの宮古諸島には、ハブは生息していない。琉球の島じまの中にはこのように、ハブのいる島といない島があり、生物地理学の謎となっている。

✣沖縄の木と花

　亜熱帯・沖縄の自然は、温帯と熱帯の両方の要素を合わせ持っている。たとえばその森林が、山原《やんばる》の森に見られるように西日本と同じシイ林を中心とした常緑広葉樹林《じょうりょくこうようじゅりん》（照葉《しょうよう》樹林）であるのに対し、低地や海岸の植生は、マングローブに代表されるような南方系の景観を見せる。

　マングローブというのは、海岸や河口など海水・淡海水の潮間帯《ちょうかんたい》の泥地《でいち》に生える独特の植物群落である。西表《いりおもて》島の仲間《なかま》川と浦内《うらうち》川、石垣島の名蔵《なぐら》川、沖縄本島の慶佐次《けさじ》川などの河口で見ることができる。近年は那覇市の漫湖《まんこ》の岸にマングローブが繁茂している。マングローブ林の木の種類としては、オヒルギ、メヒルギ、ヤエヤマヒルギなど6

海水のまじる水辺に生い茂るマングローブ林。那覇市の漫湖でも見られる。(© OCVB)

種が沖縄では見られる。このマングローブ林には、貝類、カニ類などの底生生物や魚類も豊富にすんでおり、サンゴ礁と同様、生産性の高い独特の生態系をつくっている。

ところで、沖縄ではごくありふれた木であっても、よそからやってくる人には、初めて見る木も少なくない。

まず、ガジュマルだ。クワ科の常緑の高木で、枝からたくさんの気根《きこん》をヒゲのように垂らしているので、すぐにわかる。沖縄の民話の主人公、キジムナー（子どもの妖怪《ようかい》）の住む木でもある。

海岸の防風林には、アダンやモクマオウが多い。アダンはタコノキ科の小木で、パイナップルのようなトゲの痛い葉や実がなる。モクマオウは高木で、成長が早いため、第二次大戦後、海岸林として数多く植えられた。

花の木で、どこにでもあるのがブッソウゲ。といってわかりにくければ、ハイビスカスだ。いまでは外国の熱帯産

ススキの穂ではない。これはサトウキビの花。

のものも多く見かけるようだが、沖縄ではもともと墓に供《そな》える花であり、ブッソウゲも漢字では仏桑花と書く。

４～５月に真っ赤な花をたくさんつけるデイゴは、沖縄県の「県花」に指定されている。また夏に咲くユウナの花は、赤みを含んだ濃い黄色だ。

沖縄の農作物としては、サトウキビが代表だ。1960年代までは稲作の水田も多かったが、干ばつや、その後の土地改良事業でこぞってサトウキビに転換したのだ。このサトウキビはインド原産で、沖縄には600年前ころに中国から伝わったとされる。冬に、銀色の花をつけ、小高い丘の上から見ると、一面、すすきの原がひろがっているようにも見える。年明けから刈り取られて製糖工場に運ばれ、茎をしぼって流れ出る液から粗糖《そとう》が作られる。

サトウキビが沖縄本島中南部の農地の大半を占めているのに対し、本島北部の農地の多くを占めているのがパイナップルの畑、ちぢめてパイン畑だ。このパインが、小笠原から初めて本島北部に導入されたのは、1888（明治21）年のことだという。その後、台湾種などが広まったが、とくに1972年の復帰後、本島北部や石垣島の山地、丘陵を切り開いて、パイン畑がいっきょに拡大された。そのため大量の土壌がサンゴ礁に流れ込み、サンゴ礁を壊滅させる「赤土汚染」の原因の一つとなった。

❖危機にさらされる「やんばる」の森と生物

その「赤土汚染」を生む沖縄本島の北部「やんばるの森」の開発は、森に棲《す》む生き物たちをも危機へと追いつめている。

やんばる（山原）は、行政区域では国頭村《くにがみそん》、大宜味村《おおぎみそん》、東村《ひがしそん》に当たるが、そこは島の最高峰である与那覇《よなは》岳（標高498メートル）を中心に、イタジイ（スダジイ）を主体としてオキナワウラジロガシ、タブノキなどの常緑広葉樹林（照葉樹林）におおわれた山林地帯だ。ここにはII章で紹介したアメリカ海兵隊の北部訓練場がもうけられていることもあって、訓練は行なわれてきたものの、「開発」の手は入らず、長いあいだ自然林の状態が保たれてきた。

そのためこのイタジイの森には、多種多様の生物たちが生きつづけてきた。その生物相《そう》の多様さはほとんど奇跡に近いとさえいえる。鳥類にしろ、カエルにしろ、チョウやトンボにしろ、日本に棲《す》む種《しゅ》のうちの20%から30%が、この狭いやんばるに棲んでいるのだ。

しかもその中には、このやんばるだけにしかいない固有種も少なくない。鳥類ではすでに紹介したヤンバルクイナやノグチゲラ、哺乳類ではケナガネズミ、爬虫《はちゅう》類では

沖縄本島の北部、やんばる（山原）のイタジイの森。ここに固有種を含む多種多様の生き物たちが棲む。

リュウキュウヤマガメ、昆虫類ではヤンバルテナガコガネなど、国の天然記念物に指定されている生物たちだ。

こうした生物たちは、もしこのやんばるで死に絶えれば、永遠に地球上から消えてしまう貴重な生き物たちだ。それなのに、あいつぐ森林伐採《ばっさい》や土地改良、大規模林道建設などによって、絶滅《ぜつめつ》へと追いやられつつあるのが現状だ。

先に、サンゴの海が陸地から流れ出る「赤土」によって危機に瀕《ひん》していると述べた。その赤土は、本島の北部ではやんばるの森の「開発」によって流出した。無秩序な「開発」はサンゴの海だけでなく、貴重な森を破壊し、そこを棲《す》み家《か》とし、そこから食物を得て生きている稀少《きしょう》な生き物たちをも絶滅へと追い立てている。

一度死滅した種は、もう二度とよみがえりはしない。かけがえのない自然の大切さを、サンゴの海と同様、やんばるの森も私たちに問いかけている。

【参考図書】
『沖縄・海は泣いている』吉嶺全二（高文研）
『琉球の聖なる自然遺産・野生の鼓動を聴く』山城博明（高文研）
『奄美大島・自然と生き物たち』吉見光治（高文研）

【第5刷への追記――2016年11月30日　松元 剛：記】

戦後71年を迎えた2016年4月末の夜、またも許せぬ事件が起きた。沖縄本島中部で20歳の女性が元海兵隊員の軍属に襲われ、殺害されたのだ。基地あるがゆえの「女性暴行殺害事件」に県民の怒りは頂点に達した。県民大会に6万5千人が結集、「全基地撤去」の声が沖縄社会に充満した。

しかし、政府は辺野古新基地建設を推し進めるとともに、16年7月、東村高江でオスプレイも使う着陸帯（ヘリパッド）工事を強行した。東村高江《ひがしそんたかえ》は世界自然遺産の候補地・やんばるの一角にある、希少動植物の生息する小集落だ。当然、高江住民を中心に非暴力だが不退転の反対運動が続き、それに対して全国から機動隊員が動員され、座り込む市民をごぼう抜きにする苛烈《かれつ》な警備を続けてきた。

一方、辺野古埋め立て承認を取り消した翁長《おなが》知事の行為をめぐり、沖縄県と国（政府）の間で法廷での争いが続いている。違法確認訴訟の一審判決（16年9月）は国が勝訴したが、国の主張をまるごと認めた判決は、地方自治法の本旨に反するとして強い批判を浴び、沖縄県は上告した。自然破壊、新基地建設の問題とあわせ、日本の民主主義の真偽についても、沖縄で根底から問われている。

IV

琉球・沖縄の歴史

琉球王国の国是は「禮（礼）を守る邦（国）だった」。（© OCVB）

✣日本人の起源を語る化石人骨の“宝庫”

日本の人類学・考古学研究の上で、沖縄は特別の位置を占める。1万年以上前の旧石器時代の人骨は、本土ではほとんど見つかっていないのに、沖縄ではそれがいくつも発見されているからだ。なぜか。本土は火山が多いため土壌が酸性で、骨が溶けやすい。しかし沖縄の土地は前章の「沖縄の自然」で見たように多くが石灰岩質でできているため、人骨の保存状態がよかったのだ。

沖縄で発見された人骨で最も有名なのが、本島南端の港川《みなとがわ》（27ページ地図参照）で発掘された「港川人」だ。全身の骨格がまるごと残った男女4体のほか、5～9体分の破片が見つかった。いっしょに出土した放射性炭素の年代測定から、約1万8千年前の人骨とわかった。

琉球列島は1万8千年前の最終氷河期には、大陸と陸地でつながっていた。港川人はその陸橋を渡ってやってきたのだろう。現在は、縄文《じょうもん》人は北方からも日本列島にやってきたと考えられているが、港川人が縄文人の先祖の一系統であることはまちがいないようだ。

この港川人が発見されたのは1970年だったが、2009年、本島よりずっと南の石垣島の洞穴《どうけつ》で、新たな人骨が発見された。今回は人骨そのものの年代測定で2万年前のものとわかった。この当時には陸橋はなかったから、海を渡ってきたとしか考えられない。「原《げん》日本人」の源流をさぐる貴重な資料がまた1つ加わった。

発見はなおも続いた。2012年、本島の南城《なんじょう》市、港川からほど近いサキタリ洞窟で、1万2千年前の地層から子供の犬歯と石英製の石器が見つかり、次いで2014年には2万年前の人骨と貝製品が出土、さらに同年末には人の手で葬られたと推定される9千年以上前の「埋葬人骨」が発見されたのだ。このサキタリ発掘まで、不思議なことに人骨は見つかっても石器などは出土していなかった。そのため港川人以後の1万年はナゾの「空白の期間」となっていたが、これでようやく「人間の活動」を語る手がかりが見つかったのである。

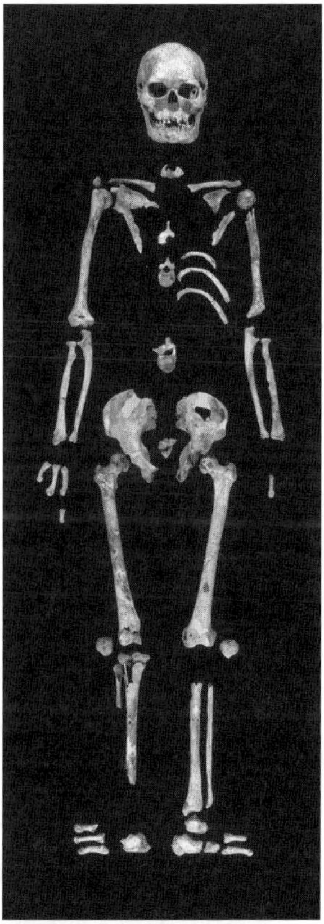

全身そろった化石人骨〈港川人〉。(Ⓒ東京大学総合研究博物館)

❖貝塚時代から交易社会の時代へ

以上みたように、日本人のルーツについて確かなことはまだわからない。ともあれ今から1万3千年前頃から約1万年あまり縄文時代がつづいた後、イネと金属器を持った弥生《やよい》人が朝鮮半島をへて列島にやってくる。2500年くらい前のことだ。その弥生人が、それからほぼ千年をかけて原住民の縄文人と混血を重ね、そうして形成されたのが現在の私たち日本人だと考えられている。

その縄文時代から弥生時代にかけては、沖縄で出土する土器《どき》や鉄斧《てつふ》、砥石《といし》から、沖縄にも縄文につづき弥生時代と重なる文化があったことが確かめられている。

しかし本土の縄文・弥生文化からはみ出る要素も強く

見られるため、沖縄では縄文時代から平安時代の半ば頃までを通して「貝塚時代《かいづか》」と名づけられている。

本土の弥生時代、九州の権力者たちは琉球列島の海でしかとれない大型の巻貝でつくる腕輪を求めていた。男性用はゴホウラ貝の腕輪、女性はイモガイの腕輪だ。弥生時代の最大の集落遺跡である佐賀県の吉野ヶ里《よしのがり》からも、これらの腕輪が出土している。沖縄と九州の間には“貝の道”があり、この交易《こうえき》ルートを通じて本土の土器や鉄斧《てつふ》が沖縄に持ち込まれたのである。

しかし古墳《こふん》時代に入り、緑色や赤褐色の碧玉《へきぎょく》を使った腕輪が現れると、ゴホウラ・イモガイ交易は衰退する。代わって登場するのが、ヤコウガイ（夜光貝）交易だ。ヤコウガイは螺鈿《らでん》の材料となる。漆器《しっき》の表面にちりばめられて真珠《しんじゅ》色に輝く、あれだ。本土の古墳時代のあと、７世紀ころからこのヤコウガイ交易が始まるようになる。その取引先は、本土だけでなく、中国にも及んだ。もともと螺鈿の技法は中国からもたらされたものだからだ。

ヤコウガイ交易からの沖縄への輸入品の中心は、鉄の製品だった。鉄製の道具によって貝の加工技術も進み、またこれまでの漁労と採集だけの生活から農耕も始まったはずだ。農耕に適したところには人々が集まり、そこから集落が生まれ、富《とみ》の集積もはじまり、それをバックにやがて支配力を持つ者、つまり権力者が登場してくる。

❖グスク時代から琉球王国の時代へ

本土の平安時代の中ごろから、沖縄はこれも独特の時代区分である「グスク時代」に入る。グスクは「城」と書か

本土と異なる琉球・沖縄の歴史

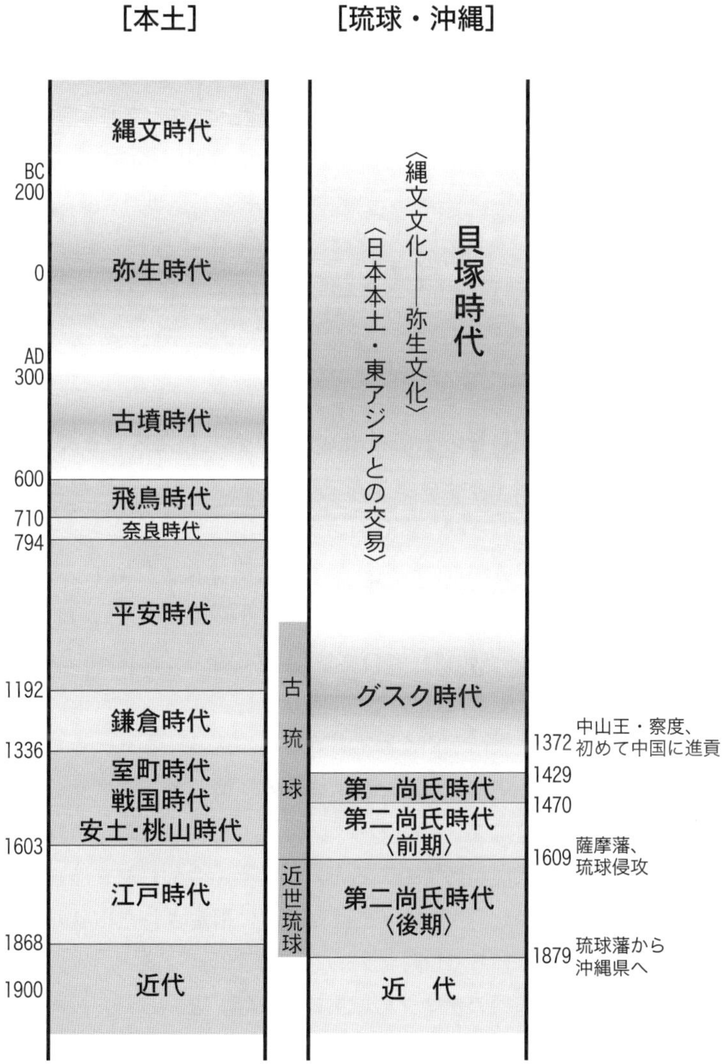

[本土]
[琉球・沖縄]
縄文時代
BC 200
弥生時代
0
AD 300
古墳時代
600
飛鳥時代
710
奈良時代
794
平安時代
1192
鎌倉時代
1336
室町時代
戦国時代
安土・桃山時代
1603
江戸時代
1868
近代
1900
貝塚時代
〈縄文文化――弥生文化〉
〈日本本土・東アジアとの交易〉
古琉球
近世琉球
グスク時代
1372 中山王・察度、初めて中国に進貢
1429
第一尚氏時代
1470
第二尚氏時代〈前期〉
1609 薩摩藩、琉球侵攻
第二尚氏時代〈後期〉
1879 琉球藩から沖縄県へ
近　代

阿麻和利（あまわり）の居城だった勝連（かつれん）城。（Ⓒ OCVB）

れるが、小高い丘の上に石積みで築かれた遺跡のことで、大きさも形態もさまざまであり、城塞《じょうさい》、聖域、倉庫などいろいろに用いられたらしい。

水田や畑が広がるにつれ、集落も次第に大きくなり、そこにグスクが造られた。グスクがまだ小規模だったこの時代を、「原《げん》グスク時代」という。11 世紀から 12 世紀にかけてのころ、平安時代の後半にあたる。

そのうちに集落がいくつも統合されて大きくなり、そこに強大な統率者（支配者）が生まれる。築かれるグスクの規模も大きくなる。「大型グスク時代」という。鎌倉時代から室町時代にかけてのころだ。現在も、今帰仁《なきじん》城、座喜味《ざきみ》城、中城《なかぐすく》城、勝連《かつれん》城など世界遺産に指定された広壮な遺跡が残っている（口絵カラーページ参照）。

これら城塞型のグスクの城主は「按司《あじ》」といった。按司たちは本土の戦国時代と同じように互いに兵を出して争ったが、14 世紀後半、沖縄本島の南部、中部、北部に 3 つの王国が生まれる。それぞれを、南山《なんざん》、中山《ちゅうざん》、北山《ほくざん》と呼んだ（三山《さんざん》時代）が、15 世紀初め、中山の王位を武力で奪取した尚巴志《しょうはし》は、つづいて南山、北山を武力で統合、ここに初めての統一琉球王国が生まれた。首里城を王城とするこの王朝を「第一尚氏《しょうし》」という。1429 年のことである。

——というのがこれまでの琉球史の定説だった。ところが近年、那覇《なは》市の北に隣接する浦添《うらそえ》市において、同市教育委員会により考古学者・安里《あさと》進氏の指導で発掘が続けられた結果、浦添市の一角に首里城と同じ構造をもつ巨大な王城「浦添グスク」の存在が明らかとなり、あわせて王陵《おうりょう》(王の墓)「浦添ようどれ」も発見された。

17 世紀の歴史書『中山世鑑《ちゅうざんせかん》』には、英祖王《えいそおう》の開いた「中山王国」から、14 世紀前半に山南王国と山北王国が離反して三山が鼎立《ていりつ》することになったと書かれている。その中山王国の存在が確かめられたとなると、三山時代の前にすでに統一王国が存在したことになるのだが……。

話を第一尚氏の成立時に戻す。

三山を統一したものの、ほどなく内乱が起きる。中城城の護佐丸《ごさまる》と勝連城の阿麻和利《あまわり》の対立が原因だった。まず阿麻和利による国王への偽りの讒言《ざんげん》で、護佐丸が滅ぼされる。しかし真相を知って国王は怒り、その年のうちに勝連に兵を送って阿麻和利を滅ぼしたという。まるでシェークスピア劇のようだが、実はこれは護佐丸と阿麻和利の二人を抹殺《まっさつ》するため、国王が仕組んだともいわれる。

ところが、それからまもない 1469 年、その国王もクーデターによって倒される。新たに成立した王朝を「第二尚氏《しょうし》」という。この王朝は、これまで各地に割拠《かっきょ》していた按司《あじ》たちを王都・首里《しゅり》に集め、貴族的官僚として編成、新しい国家組織をつくりだすとともに、外国貿易を王府の手に独占し、各種の土木事業をいとなんだ。また、ちょうど西暦1500年、八重山《やえやま》の豪族、オヤケ赤蜂《あかはち》らが反乱を起こすと、首里の尚真《しょうしん》王は100隻の船団を派遣、宮古《みやこ》島の豪族、仲宗根豊見親《なかそねとよみおや》を先導役としてオヤケ赤蜂らを征服した。

こうして、日本本土が戦乱に明け暮れていた15世紀後半から16世紀にかけ、琉球列島には、北は奄美《あまみ》諸島から南は八重山諸島までの全域を支配する海洋国家・琉球王国が出現していたのである。第二尚氏の王朝は、このあと長く、明治維新後の「琉球処分」まで400年以上もつづく。

✣大交易の時代

話はここで、再度「三山《さんざん》時代」に戻る。

中国では1368年、朱元璋《しゅげんしょう》（洪武帝《こうぶてい》）がモンゴル民族の帝国「元《げん》」を倒して、新たな帝国「明《みん》」を建国する。明は、元がとっていた武力による対外政策を改めて、中国の伝統的な中華《ちゅうか》政策を採用する。周辺国の王に対し、明の皇帝への臣従《しんじゅう》（臣下として従う）の証拠として貢物《みつぎもの》を献上させ（朝貢《ちょうこう》）、その見返りとして皇帝は返礼の品物を贈るとともに、その周辺国の国王の地位を保障する（冊封《さくほう》）というものだ。これを「朝貢冊封《ちょうこうさくほう》」体制といった。（「さくほう」を沖縄では歯切れよく「さっぽう」といっている。）

朝貢と返礼の関係は、実体をみれば貿易にほかならない。

▶進貢船（しんこうせん）の図。むかで旗をなびかせ、「日の丸」（三角）をはためかせている。（沖縄県立博物館・美術館提供）

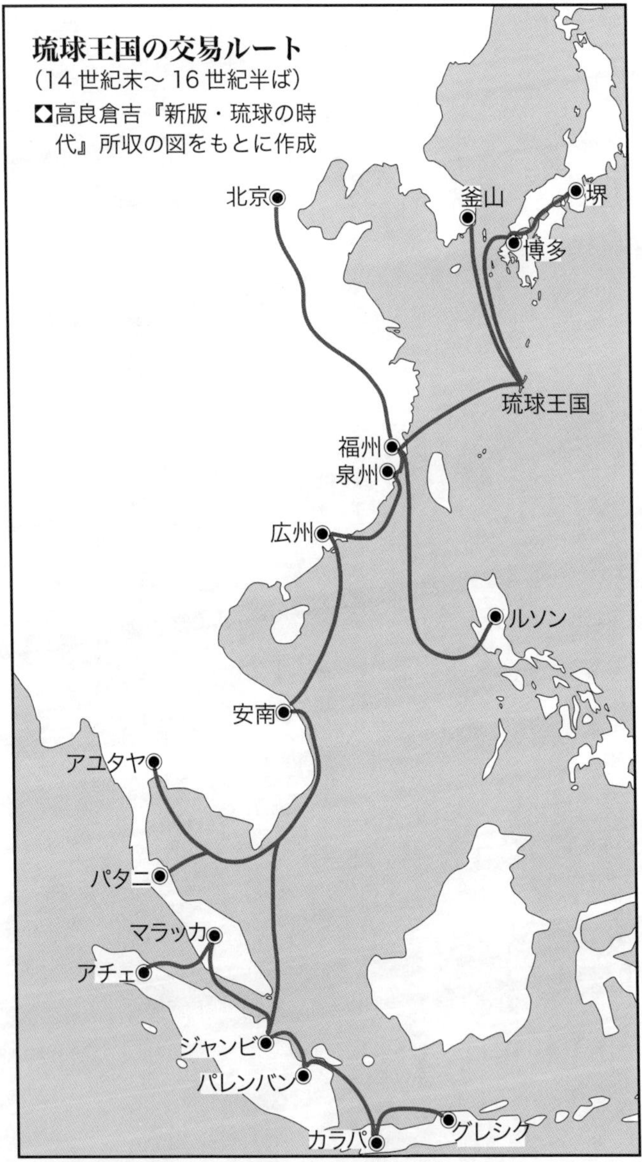
琉球王国の交易ルート
（14 世紀末～ 16 世紀半ば）
◆高良倉吉『新版・琉球の時代』所収の図をもとに作成
北京
釜山
堺
博多
琉球王国
福州
泉州
広州
ルソン
安南
アユタヤ
パタニ
マラッカ
アチェ
ジャンビ
パレンバン
カラパ
グレシク

そして明は、この形による貿易だけを公式に承認し、これまでのような商人たちによる自由な通商を禁止した。明の「海禁政策《かいきんせいさく》」という。

明の建国からまもない1372年、この朝貢をうながす明からの使者が「中山《ちゅうざん》」の察度《さっと》王を訪ねてきた。その申し入れを察度王はただちに受け入れ、泰期《たいき》を団長とする使節団を使者の船に同乗させて中国に送り出した。

中山につづいて山南、山北も明皇帝との冊封関係を受け入れ、ここに琉球の大交易時代の幕が上がる。琉球では朝貢を「進貢《しんこう》」といい、それを運ぶ使者と船を「進貢使」と「進貢船」、冊封を伝える使者を「冊封使《さっぽうし》」と呼んだ。

なお日本も琉球に約30年遅れて、室町幕府の3代将軍・足利義満《あしかがよしみつ》がねばり強い交渉のすえ明皇帝と朝貢冊封関係を開き、東アジアの国際関係の中に乗り出す（しかしほどなく義満は急死、明との通交は中絶する）。

進貢貿易で琉球から中国へ運んでいったのは、馬、硫黄《いおう》、刀剣類、扇《おうぎ》や屏風《びょうぶ》、胡椒《こしょう》をはじめとする香辛料《こうしんりょう》などである。

このうち、馬と硫黄だけが琉球の産物だった（硫黄は、Ⅲ章の初めの方で述べたように、硫黄鳥島で採掘したもの）。刀剣類や扇、屏風などは、もちろん日本産だ。つまり琉球は、日本とも交易していたのだ。

では、香辛料はどこで手に入れていたのか。東南アジアである。当時は、「南蛮《なんばん》」と呼んだ。琉球の船は、遠くマラッカ海峡まで出かけて南蛮貿易をやっていたのだ。

こうした品々の見返りとして、琉球船が中国から持ち帰ったのは、陶磁器や織物をはじめとして鉄製の鍋や釜、

▶15世紀半ば、尚泰久王によって鋳造された旧首里城正殿の鐘。刻まれた銘文に「琉球国は……船楫（しゅうしゅう）をもって万国の津梁（しんりょう）となし……」とある。大海原に船を駆（か）って、万国を結ぶ架け橋になるという意味だ。そこから「万国津梁の鐘」と呼ばれる。左下の黒い穴は沖縄戦当時の弾痕（だんこん）。この鐘も〝戦争の証人〟なのだ。（沖縄県立博物館・美術館所蔵）

衣服や暦《こよみ》、それに海を行く船そのものまで含まれていた。

琉球史にかかわって「ゴーレス論争」というのがある。「ゴーレス」とは、16世紀のポルトガル人の記録に登場するもので、別名「レケオス」、はるか北の方からマラッカなどにやってきていた貿易民をさす。この「ゴーレス」をめぐって、台湾人説、長崎の五島《ごとう》の住民説、高麗《こうらい》（朝鮮）人説などが入り乱れたが、その中で「ゴーレス＝琉球人説」を主張した歴史家・秋山謙蔵《けんぞう》は、1931年に発見された「歴代宝案《ほうあん》」（世界史上最大ともいう琉球の厖大《ぼうだい》な外交文書）を駆使《くし》して詳細な論を展開、いまでは「ゴーレス」「レケオス」琉球人説が広く認められている。

中国産の陶磁器や絹織物、日本産の刀剣類や扇子《せんす》などを積んだ琉球船は、現在のベトナムからタイ、さらにマレーシアからインドネシアまで出かけて行き、それと引き換えに胡椒《こしょう》などの香辛料や蘇木《そぼく》（朱色の染料がとれる）、また南蛮酒などを積んで戻ってきた。その胡椒や蘇木を中国へ運ぶとともに、日本へ持って行き、また朝鮮へは日本商人を通して高価な値段で売った。そして引きかえに、日本からは先にあげたような品々を購入して帰ったのである。

つまり、当時の琉球は、中国との進貢《しんこう》貿易を軸として、北の物産を南へ、南の物産を北へと運ぶ、中継貿易の主役だったのだ。その舞台は、北の日本海から、東シナ海、南シナ海、そして赤道下のマラッカ海峡まで、広大な海域にわたっていた。その広大な海を、当時の琉球人たちは、幅 10 メートル、長さ 40 メートルあまりの木造船に乗り、晴天を祈る「日の丸」の三角旗や水神（竜）を威嚇《いかく》するための百足旗《むかでばた》をなびかせながら航海したのである。まさに、「大交易の時代」だった。

先に紹介した秋山謙蔵の研究によると、明の時代の約 280 年間（1368 ～ 1644）に、琉球からの進貢は 171 回行なわれている。それに対して日本はわずか 19 回、朝鮮が 30 回、ジャワが 37 回だから、琉球がずばぬけて多かったことがわかる。

この進貢貿易を軸にした交易から得た莫大《ばくだい》な利益は、琉球王国の財源となった。王都・首里《しゅり》が建設され、また首里を中心に円覚寺《えんかくじ》をはじめ 20 あまりの寺院が建てられた。当時、多くの琉球の知識人が京都や薩摩《さつま》に留学して、仏教（禅宗）を伝えていたのだ。

このように琉球から人々が出かけていくだけではなく、

また外国からもたくさんの人々が琉球へやってきた。まず中国からは、琉球王の代がわりのたびに冊封使が、総勢数百人を引きつれてやってきた。薩摩藩《はん》の使節もたびたび首里を訪れている。そのほか日本や中国、さらに東南アジアから、多くの商人がやってきた。僧侶や技術者もきた。漂流民も、しばしば流れ着いた。

当時の首里・那覇は“国際都市”の活況を呈《てい》していたとみられる。大交易の時代は、琉球王国が「独立国家」として繁栄を誇った時代でもあったのだ。

✣秀吉の朝鮮侵略と薩摩藩の琉球侵略

ところが、16世紀に入ってほどなく、この繁栄にハッキリとかげりが見えはじめる。中継貿易のカギになる香辛料《こうしんりょう》を得るための南蛮《なんばん》貿易の道が閉ざされたのだ。

原因の一つは、中国の密貿易商人の暗躍だ。彼らは「海禁《かいきん》」を破って海に乗り出し、貿易ルートを撹乱《かくらん》するとともに、一部は海賊化して琉球貿易船の脅威《きょうい》となった。

もう一つの原因は、ポルトガルの進出だ。1511年、ポルトガル海軍はマラッカを占領した。それは、琉球にとって南海貿易の重要拠点を失ったことだった。ポルトガルはさらに、インドネシアからタイ、中国南部へと進出する。

こうした勢力によって、琉球船は活動の場を奪われ、ついに1570年、タイに現われたのを最後に、東南アジアから姿を消した。もっとも、琉球からの中国への胡椒《こしょう》の輸出は、これより15年前の1555年を最後に終わっていた。

南海貿易からの撤退は、その反動として「北」への依存関係を強めることになる。「北」とは日本のことだ。

ところが、それに対して、琉球と最も近い薩摩《さつま》（鹿児島）藩《はん》は、日本にやってくる琉球船を自分の統制下に置こうとする。当然、琉球と薩摩の間に緊張が生じた。

そうした中、1592年、全国統一を完了した豊臣秀吉《とよとみひでよし》は、明《みん》国征服の野望を抱き、16万の軍勢《ぐんぜい》をもって朝鮮に攻め込む。戦国時代を戦い抜いてきた日本軍は、わずか20日でソウルを占領するが、決起した朝鮮の民衆（義兵）と明国軍の参戦によって進軍をはばまれ、李舜臣《イスンシン》の率いる朝鮮水軍との海戦に敗れて、1年後、休戦を余儀なくされる。

しかしまだ大陸制覇をあきらめない秀吉は4年後の1597年、再び14万の大軍を派兵する。しかし今回はソウルに達することもできぬまま、翌98年、秀吉の死によって日本軍による朝鮮征服は未遂《みすい》に終わった。

この秀吉の朝鮮出兵の直前、1588年のことだ。前から機会をねらっていた薩摩藩の藩主・島津義久《しまづよしひさ》は、琉球国王・尚寧《しょうねい》に対し、秀吉の命令だとして朝鮮出兵のため琉球からも兵員7000人の10カ月分の兵糧米《ひょうろうまい》を出せと要求した。そんな勝手な要求に応じる筋合いはなかったはずだ。が、琉球は応じた。ただし、要求の半分を満たすのがやっとで、残りの半分は当の薩摩藩から借りて納めた。このあと秀吉は、薩摩藩が琉球をその支配下に置くことを承認した。

秀吉の死後、1600年の関ケ原《せきがはら》の戦いをへて、1603年、徳川家康が将軍となり、江戸に幕府を開く。その前の年、難破《なんぱ》した琉球船が、東北地方の伊達《だて》領内に漂着した。救出された琉球人は江戸に送られ、家康の命令で、手厚い保護のもと琉球へと送りとどけられた。

家康が琉球人の送還に熱意を示したのは、1547年以来断絶していた日本と明国との貿易再開の交渉を、進貢《しんこう》貿易の先輩である琉球に斡旋《あっせん》してほしかったからだ。

そこで家康は、薩摩藩主を通して、漂着した琉球人の送還に対し、琉球国側からの謝礼使（謝礼のための使節）の派遣を要求した。ところが琉球側は、いろんな事情や思惑《おもわく》があって、これに応じなかった。

一方、薩摩藩主の方は、朝鮮出兵で苦労した家臣に与える褒賞《ほうしょう》の領地として、琉球国の版図《はんと》である奄美《あまみ》諸島の獲得をねらっていた。そんな思惑もあって、1609年、薩摩藩は家康の許可を得て琉球への出兵準備をととのえた後、尚寧《しょうねい》王に対し最後通牒《つうちょう》を突きつける。琉球が、日本と明国との貿易再開を明に斡旋《あっせん》すれば、出兵は中止する。しかし、それに応じないときは……。

1609年3月、鹿児島の山川港から、3000の兵を乗せた船100隻が沖縄へ向かう。長い戦乱できたえられている上に、鉄砲という最新鋭の武器を装備した薩摩の軍勢《ぐんぜい》の前に、もう1世紀以上も大きな戦いをしたことのない琉球はものの数ではなかった。首里城にせまった薩摩軍に、王府は降伏《こうふく》、城を占拠《せんきょ》した薩摩軍は大量の宝物《ほうもつ》といっしょに、尚寧王と重臣たちを捕虜《ほりょ》として鹿児島へ連れ帰った。

もう一つ、島津藩にとっての最大の戦果は、当初の目的どおり、奄美《あまみ》諸島を割譲《かつじょう》させたことだった。歴史的には同じ琉球文化圏内にありながら、行政区分としてはいまも奄美諸島が鹿児島県に属しているのはこのためだ。

江戸上り行列の図。琉球からの使節一行はことさら中国風を装っていた。（沖縄県立博物館・美術館提供）

✣薩摩藩に支配された琉球

こうして琉球は、以後、薩摩藩の支配下に入る。そのことを公式に承認しながら、しかし幕府は、琉球を「国家」として存続させる方針をとった。というのも、中国との貿易再開の交渉役を、なおも琉球に期待したからだ。

この幕府の方針は、結局は失敗に終わる。中国側が交渉を拒否したためだ。その結果、中国との正規の貿易ルートは、琉球を経由する以外になくなってしまった。

その琉球が、これまで通り中国と進貢貿易をつづけるには、「独立王国」の体裁《ていさい》を保持しておく必要がある。

そこで幕府と薩摩藩は、琉球人が日本風に髪形を変えたり、日本風の着物を着たり、日本風の名前をつけたりするのを禁止した。また、幕府の将軍が代替わりしたときや、新たに琉球「国王」が即位したさいには、首里王府の使節団が江戸に向かったが、その行列はことさら中国風に仕立て、中国の路次楽《ろじがく》を吹奏《すいそう》しながら行進した。

こうした擬装《ぎそう》政策をとったため、日本・薩摩と、琉球との関係は、見かけと実態とがくいちがう複雑なものとなっ

首里の王陵（王家の墓地。たまうどぅん、という）。1501年、尚真王が建立した第二尚家の墓陵（ぼりょう）。沖縄戦で焼失したが、戦後、修復された。案外に知られていないが、その幽玄なたたずまいは、首里城正殿の華やかさと好対照だ。

た。そこでかつては、歴史研究者の間でも、薩摩藩の琉球侵攻をめぐって、それを「進入」と見るか、「侵略」と見るかで論争が起こった。また琉球王国の位置づけとして、かつては「日中両属」（日本と中国、両方の国への服属）ということが言われてきた。

しかし、すでに見てきた通り、幕府の承認を得た上での薩摩藩の琉球侵攻は、「侵略」以外のなにものでもなく、また琉球が薩摩藩の実質支配下に置かれていたことは、次の４つの点からも明らかである。

第１は、「国王」はじめ摂政《せっしょう》や三司官《しかん》（最高位の３人の大臣）は、就任時には薩摩藩に誓約書を差し出して、薩摩への“忠誠”を誓わなくてはならなかった。

第２に、「仕上世《しのぼせ》」と称する年貢《ねんぐ》を、年々、薩摩藩に納めなくてはならなかった（薩摩藩は侵攻後、検地《けんち》を行ない、琉球の総石高《こくだか》を約９万石と算出していた)。

第３に、薩摩藩は、在番奉行《ぶぎょう》以下の役人を那覇《なは》に駐在させて、首里王府《おうふ》を監視した。薩摩の役人は、数は多くなかったが、出先機関として王府をコントロールできた。

そして第４。中国との貿易については、薩摩藩が管理権を掌握《しょうあく》していた。

このように、1609年以降の琉球は薩摩藩の支配下に入り、薩摩藩を通して、幕府と各藩で構成される「幕藩《ばくはん》体制」という日本の国家体制のなかに組み込まれる。そして「鎖国《さこく》」により日本が外国から遮断《しゃだん》される中、幕府公認の対中国貿易の窓口としての役割を果たさせられたのだった。

✣「近世琉球」の時代

薩摩藩の侵略から明治維新《いしん》後の「琉球処分」までの270年間は、琉球史の時代区分で「近世琉球」の時代となる（それ以前、グスク時代から薩摩藩の侵略までが「古《こ》流球」)。日本史の江戸時代にほぼ重なる時期だ。

この間に、琉球の社会・政治の「近世化」がすすんだ。それを推し進めた政治家として、向象賢《しょうじょうけん》（別名、羽地朝秀《はねじちょうしゅう》。1617～1675）や蔡温《さいおん》（1682～1761）が有名だ。

またこの時代の初期、沖縄の農業史の上で大事件が２つ、たてつづけに起こる。首里王府の編集した歴史書『球陽』によると、まず1605年、野国総管《のぐにそうかん》が中国から「甘藷《かんしょ》」（サツマイモ）の種《たね》を持ち帰った。それを、儀間真常《ぎましんじょう》が広く普及させたという。イモはやがて人々の主食となる。

それからまもない1623年、「甘蔗《かんしょ》」（サトウキビ）から砂糖をつくる製糖法が伝えられた。これも儀間真常が人を中国に派遣して学ばせたといわれている。

ところで、この近世琉球の時代、本土でも「士・農・工・商」の身分制が確立されたが、沖縄でも「士」と「農」の身分がきびしく分離され、服装から言葉、住む家、冠婚《かんこん》葬祭《そうさい》まで、こまかく規制された。「士」の主体は首里王府につかえる役人であり、「農」には農民を中心として「士」以外のすべての民衆が含まれる。

この身分制を土台として、薩摩藩と首里王府の二重の支配・収奪がつづいた。当然、民衆の生活は苦しかった。農民は、米や粟《あわ》、豆、砂糖などをつくっても、それはすべて貢租《こうそ》として納め、自分たちは甘藷《かんしょ》が主食だった。

その上に、恐るべき自然災害が、人々を襲《おそ》う。台風と干ばつだ。『球陽』の1709年の項に、次の叙述がある。

「本国連年凶荒《きょうこう》す。この年に至り、颱風《たいふう》しばしば起り、干魃《かんばつ》肆虐《しぎゃく》す。田野《でんや》焦《や》くが如《ごと》し。禾稲《かとう》は枯槁《ここう》す。これにより新穀《しんこく》秀でず、旧穀已《すで》に竭《つ》く。民人食を失い、或は蔬菜《そさい》を採《と》り、或は木皮を剥《は》ぎ、日々吃食《きっしょく》を為《な》す。……」

文字はむずかしいが、すさまじい飢饉《ききん》の様子が感じ取れるだろう。こうした飢饉に備えて、王府は、原野にソテツを植えることを奨励した。ソテツは有毒植物だが、手を抜かずに調理すれば食べられるからだ。

このように、民衆は薩摩藩と王府の二重支配の下で苦しい生活をしいられたが、しかし一面、琉球文化が花ひらいたのもこの時期だ。琉球独特の和歌に似た「琉歌《りゅうか》」、それを歌詞として演奏される三線《さんしん》音楽、そのしらべにのせて踊られる琉球古典舞踊が首里の宮廷を中心に生まれたが、その中国伝来の三線はやがて民衆の間にも浸透してゆき、豊かな民衆芸能を開花させていった（Ⅴ章「琉球の歌と踊り」参照）。漆器《しっき》や陶器、染織《せんしょく》といった工芸が発達していったのも、この時期である。

『中山世鑑《せかん》』『琉球国由来記』『球陽』といった歴史書が編集されたのもこの時代だった（全22巻からなる歌謡集『おもろさうし』はこの近世琉球のごく初期、17世紀前半に成立したとみられている）。

✣まず沖縄へ来た「黒船」

さて、この近世琉球の時代も終わりに近づいた19世紀半ば、沖縄の周辺もにわかに騒がしくなる。黒船来航だ。

日本への黒船来航は、一般には1853（嘉永6）年のペリー艦隊の来航から語られることが多い。しかし実際は、それより半世紀も前から、ロシア船をはじめ各国の軍艦や捕鯨《ほげい》船が日本へやってきていた。欧米の船は西の方からインド洋、南シナ海をへてやってくるから、日本本土に行く前に、まず琉球列島に出会うことになる。1810年代以降、欧米の船が琉球にしばしば姿を見せるようになった。やがて1844年と45年、相次いで琉球にやってきたフランスとイギリスの軍艦が、それぞれ貿易やキリスト教の布教を首里王府に要求した。

ペリーにしても、日本本土へ行く前に、まず琉球に来ている。そして幕府に開国の要求書を渡し、再び琉球へ戻って来ると、王府を脅して貯炭庫建設の権利を獲得した。

前に戻って1844年、フランス軍艦の来訪を受けた首里王府は、外交折衝《せっしょう》だけでなく、食糧の提供なども求められたので、大騒ぎとなる。しかも状況の変化に応じて

1853年6月6日、首里を訪問、守礼の門に到着したペリー提督の一行。（艦隊付きの画家ハイネが描いたもの。『ペルリ遠征記』所載）

「飛船」を仕立て、鹿児島へ逐一《ちくいち》報告しなくてはならない。

琉球からの知らせを受けた薩摩藩は、黒船来航を幕府に報告し、どう対処したらよいかをたずねた。それに対し幕府は、「琉球はもともと薩摩藩に統治を任せてきたのだから、今回の措置についても薩摩藩に一任する」と逃げ腰の無責任な回答をしてきた。1846年のことだ。

この回答を受け取って薩摩藩は、しめた、と思ったようだ。“外圧”を琉球でくいとめ、薩摩藩が“民族的危機”を引き受けるというタテマエで、幕府公認のもと、琉球を“特別地域”として薩摩藩みずから外国との通商に乗り出せると考えたからだ。

そして10年後、薩摩藩は、いよいよ琉球を利用して積極的な貿易政策を展開しようとする。しかしその矢先、藩主・島津斉彬《なりあきら》が急逝《きゅうせい》、この計画はやむなく中止となった。

この後、日本は、明治維新《いしん》の大動乱へと突入してゆく。その中で、薩摩藩は長州《ちょうしゅう》藩と組んで徳川幕府を倒す（倒《とう》幕《ばく》）中心勢力となり、新政権（1868年＝明治1年成立）でもヘゲモニー（主導権）をにぎることになる。

❖「台湾出兵」と「琉球王国」

この明治の新政権は、これまでの封建制度を解体して、近代的な中央集権国家体制を確立するため、一連の改革を急いだ。1869（明治2）年、全国に約270ほどあった藩の大名による版籍奉還《はんせきほうかん》（版は版図《はんと》＝領地、籍は戸籍＝人民）、つづいて2年後1871年の廃藩置県《はいはんちけん》、翌72年の徴兵令《ちょうへいれい》（国民皆兵《かいへい》制）、同年の文部省の設置と新しい学校制度の構築への着手などだ。

こうした中、新政権にとって最初の対外問題が、琉球王国の問題だった。琉球が実質的に薩摩藩の支配下にあったことは先に述べた。しかし中国に対しては、琉球王国は独立国だった。実際、つい先ごろ（1866年）尚泰《しょうたい》王は中国の清《しん》国皇帝から冊封《さっぽう》を受けた（国王として公認された）ばかりだ。それなのに琉球を日本の一部に組み込んでしまったら、清国との間で大問題になるのはまちがいない。それに清国と日本は、1871年、はやばやと日清修好条規《じょうき》を締結していた。その第1条で、両国は友好を深めるとともに、「お互いの国土についてはいささかも侵犯《しんぱん》することがあってはならない」と誓約《せいやく》しあっている。

そこで新政権は、1872年9月、琉球をいきなり「県」にはしないで、「琉球藩」とし、国王・尚泰を「藩王《はんおう》」とした。全国的には「廃藩」したのに、琉球には新たに藩を

15世紀の半ばに造られた旧大安禅寺の鐘。1854年、琉米修好条約締結のさい、琉球王府からペリー提督へ贈られた。以来、アナポリスのアメリカ海軍士官学校の玄関につるされ、同校の名物となっていたが、1987年、アメリカ政府により沖縄県に寄贈された。県はかわりに、そのレプリカを造り、アメリカに贈った。（沖縄県立博物館・美術館蔵）

設置したのだ。琉球の士族たちの反発と、中国との関係を考えた上での、苦肉の策の過渡《かと》的な措置《そち》だった。

この時点では、琉球問題をどう処理したらいいか、新政府に確たる見通しはなかったはずだ。

ところがここに、一つの事件が起こる。宮古《みやこ》島から那覇《なは》へ年貢《ねんぐ》を運んでいった船が遭難して流され、台湾南部に漂着したものの54人が原住民に殺害されたのだ。事件が起こったのは1871年11月だったが、その官報の記事を中国滞在の日本の外交官が知ったのは翌72年4月だった。事件はただちに日本本国へ伝達され、これを好機として薩摩の人脈を中心に「台湾出兵《しゅっぺい》」の準備が重ねられる。

２年後の74年２月、大久保利通《としみち》（内務大臣）と大隈重信《おおくましげのぶ》（大蔵大臣）を中心とする台湾出兵の閣議決定は、出兵の理由をこう述べていた。――台湾の原住民に対しては清国の政権は及ばず、そのことを清国政府自身も認めている。ついては、「わが藩属たる琉球人民の殺害せられしを報復すべきは日本帝国政府の義務」である、と。

「藩属」の藩は、琉球藩の藩だ。そしてその琉球藩に属する人民は、日本人民だと言っているのである。

こうして1874（明治7）年5月、西郷従道《つぐみち》（隆盛《たかもり》の実弟）を司令官として3650人で編成された遠征《えんせい》軍によって、近代日本最初の対外出兵が実行されたのである。

琉球王朝最後の尚泰王

これに対し、もちろん清国は強く抗議する。それを受けての日中間の交渉は難航するが、10月、駐清《しん》イギリス公使の仲介《ちゅうかい》で決着する。その第1項ではこう述べられていた。

――今回の日本の出兵は「日本国属民」の保護のための「義挙」であることを、清国は認める。

つまり、琉球人民は日本国に属すると認めさせたのだ。

こうして、500年にわたった中国と琉球との冊封《さっぽう》関係、270年に及んだ「日中両属」の関係は終結へと向かう。

❖「琉球処分」と士族高官たちの抵抗

中国（清国）と琉球との宗属《そうぞく》（宗主《そうしゅ》国と属邦《ぞくほう》）関係はこのようにして断《た》たれたかに見えたのだったが、琉球の士族たちはこの現実を認めようとはしなかった。彼らはみな中国の精神文化の中で自己を形成してきていたからである。

宗属関係は断たれたと見えたはずなのに台湾出兵の翌75年3月には琉球の進貢《しんこう》使一行が北京に現れた。また同年の清朝・同治帝《どうちてい》死去後の光緒帝《こうちょてい》の即位に対しても従来どおり慶賀使《けいがし》を派遣すべきだという声が挙がっていた。

こうした状況を見て、新政府は内務省次官の松田道之《みちゆき》を琉球に派遣、松田は琉球の高官を首里城に呼びつけて、改めて中国との進貢・冊封関係の打ち切りを言い渡した。

しかしそれでも、王府の士族高官たちはそれに従おうとはしなかった。中国との宗属関係の断絶は琉球王国の完全な消滅を意味し、同時に自分たちの存在を全否定することになると考えたからだ。

翌76年暮れ、林世功《りんせいこう》ら3人は密《ひそ》かに清国に渡り、清国政府に進貢・冊封関係の復活を請願した。それを受け、清国政府も、初代駐日公使として東京に派遣される何如璋《かじょしょう》に対し、従来どおりの宗属関係を認めるよう、日本政府との交渉を命じた。清国としては、琉球の住民が日本国に属することは認めたものの、国どうしの宗属関係までが打ち切られたとは考えていなかったからだ。

何如璋は日本外務省と執拗に交渉を重ねた。が、日本側は頭から問題にせず、交渉は膠着《こうちゃく》状態となった。

1879（明治12）年1月、松田道之は再び琉球へ行き、王府の高官たちに対し、宗属関係打ち切りの日本政府命令に従うよう申し入れた。しかし高官たちは、清国からの救援を信じて松田の要請を拒《こば》みつづけた。

2月、東京に戻った松田は、太政《だじょう》大臣（＝総理大臣）の三条実美《さんじょうさねとみ》に対し、もはや「廃藩処分」以外に方法はない、と進言した。

翌3月、琉球処分官に任命された松田は、内務省の官吏《かんり》100名、警察官160名、軍隊400名を引き連れて琉球に乗り込み、首里城を占拠、「琉球藩」の廃止と「沖縄県」の設置を宣告した。首里城はその後、新たに派遣された熊本鎮台《ちんだい》沖縄分遣隊《ぶんけんたい》の駐屯地とされた。

以上の琉球における廃藩置県は一般に「琉球処分」といわれる。後になって付けられた名称ではなく、当時の政府自身が使っていた言葉で、松田道之が内務大臣・伊藤博文に命じられて編集した記録文書のタイトルも『琉球処分』となっている。薩摩藩の侵略から270年、再度の武力をふりかざしての屈服のさせ方は、まさしく「処分」だった。

✣「分島問題」と「旧慣温存政策」

「琉球処分」は強行したものの、琉球士族たちの抵抗運動はやまなかった。加えて、清国との間の「日中両属」問題もまだ決着がついてはいない。そんな折、「処分」からまもない1879年5月、米国のグラント前大統領が日中両国を訪れた。そこで清国は、デッドロック状態になっていた琉球問題の調停をグラントに依頼する。グラントは承諾し、琉球列島の「分割」案を提案した。

その後、交渉再開、両国が合意した妥協案は、琉球列島のうち宮古島・八重山諸島（合わせて先島《さきしま》という）を分離して、清国に割譲《かつじょう》する、代わりに日本は限られた場所だけでなく中国国内どこででも欧米列強並みに商行為ができるようにする、というものだ。

清国にとってのこの案のメリットは、先島だけにしろそこに「琉球王国」を建てて進貢《しんこう》させれば、宗主国としての国際的体面を保つことができる、一方、富国強兵を急ぐ日本は、広大な中国の内陸に食い込んで、他の列強諸国をしのいで通商を拡大できる、というわけだ。

台湾出兵に当たって日本政府は宮古島の人民は日本の国民だと主張した。「処分」をすすめるさいも、「琉球は日本の領土であり、琉球人は日本人である」と繰り返し強調した。それを前提にしない限り、自国の一県に組み入れることはできないからだ。ところが、そうして組み入れた沖縄県の一部を、こんどは自国の通商権の拡大とひきかえに分割して売り渡すというのである。

1880年10月、この取引は中国との間で合意に達し、あとは調印を残すだけとなる。それを見て、まだ北京に滞在していた琉球の林世功《りんせいこう》は、清国政府あてに決死の請願書を提出し、自らの命を断《た》った。それを知って、清国側の責任者・李《り》鴻章《こうしょう》は方針を転換、協定は不成立に終わる。

こうして沖縄県の「分島《ぶんとう》問題」は成立寸前で回避されたが、台湾出兵から琉球処分をへて分島問題にいたるこの一連の経過の中に、明治政府が琉球＝沖縄をどう見ていたか、まざまざと見て取れるだろう。

ところで、分島問題だけでなく、県内の行政機構の構築にあたっても、士族たちは不服従をもって抵抗した。新たに着任した県令は、県庁の機構を整備するとともに、各村の行政については従来どおりの王府の機構と役人で当たることを命じたが、役人たちは県の出頭命令にも応じず、書類の提出もボイコットする有様だった。

これに対し、県当局は、おもだった役人を捕らえ、拷問《ごうもん》を加えて服従を強制した。こうしてようやく旧王府の役人たちを服従させたが、一方、士族高官の中には中国に密航して、清国に支援をたのむ人たちが相次いだ。県当局はこの人々を「脱清人《だっしんにん》」と呼んで取り締まった。

このように沖縄県統治に手を焼いた政府は、急激な変化で混乱が生じるのを防ぐため、当面は琉球王国時代の土地制度や租税制度、地方制度を改めないで、旧制度を維持することにした。これを、旧来の慣行を温存する「旧慣温存《きゅうかんおんぞん》」政策という。それはまた、旧王府の支配層を優遇し、慰撫《いぶ》する措置でもあった。

実際、旧王家の尚家《しょうけ》に対しては、明治政府から年に２万円の金禄《きんろく》（40万石の大名家に匹敵）が支給され、旧士族高官に対しても平均して年400円強の金禄が支給された。ただし、彼らは士族全体の５～６％に過ぎず、他の圧倒的多数、７千人もの士族は無禄《むろく》のまま失業者となって社会に投げ出された。

なお、この当面の対策のはずだった「旧慣温存」政策はその後も「温存」され、旧士族高官への金禄は実に30年もの間、支給され続けたのである。

こうして政府は、沖縄の支配層に対する妥協から「旧慣温存」政策をとったが、それが結局、沖縄県に対する制度的な「差別」の出発点となった。たとえば、衆議院議員選挙制の施行は1890（明治23）年であるが、沖縄県での施行は1912（同45）年、それも先島《さきしま》諸島は除外されており、先島を含めた完全施行は1919（大正８）年となるのである。

❖宮古島の「人頭税」撤廃運動

「旧慣温存」政策はこれまでの統治体制を維持して混乱を防ぐためであったが、地方においては役人（士族）の特権を温存することでもあった。その不正・不当を告発する農民騒動は、早くも1881（明治14）年に粟国島《あぐにじま》で始まったが、やがて県下に広がっていった。その中でも歴史に名を残すのが宮古島の「人頭税《にんとうぜい》」撤廃運動である。

「人頭税」というのは、宮古・八重山の先島で行なわれていた徴税《ちょうぜい》法で、15歳から50歳までの農民一人ひとりを年齢別・男女別にランクづけし、税を課すというやり方である。酷税《こくぜい》、重税の代名詞であった。

これに対し、島の支配層である役人たちは、特権をほしいままにしていた。役人は、税を免除された上に、「名子《なご》」と呼ぶ隷属《れいぞく》農民を私有して勝手に使役《しえき》し、また「宿引女《やどひきおんな》」と称する“旅妻《たびづま》”を複数もつことを公認されていた。ある役人は“旅妻”16人（！）を所有していたといわれる。この“旅妻”も人頭税を免除され、生まれた子どもは士族として遇された。こんな途方もない特権を認められていたのである。いずれ農民の怒りが爆発するのは当然だった。その怒りに火をつけたのが、城間正安《ぐすくませいあん》である。

沖縄県庁から製糖技師として宮古島に派遣されて来ていた城間正安は、1892（明治25）年、新潟県出身の中村十作《じっさく》と島で出会う。城間は、人頭税の納期になると農民が首をくくったり、海に身投げをするのを見て、激しい義憤《ぎふん》を抱いていた。中村は、真珠《しんじゅ》養殖の事業を始めるため八重山へ行く途中だったが、城間の話を聞き、ともに農民たちと腕を組んで人頭税撤廃《てっぱい》運動に立ち上がろうと決心した。城

宮古広域圏事務組合によって、代表４人の歓迎祝賀会を催したという鏡原馬場跡に建立された「人頭税廃止 100 周年記念碑」。人物写真の左は城間正安、右は中村十作。

間正安、33 歳、中村十作、27 歳の時である。

幾度も秘密の会合を重ね、運動の輪を広げて、ついに要求をまとめあげた。人頭税の廃止と、多すぎる役人の削減《さくげん》および特権の縮小、それに租税《そぜい》を現物納から貨幣納に改めることなどだった。

宮古島役所に訴え出たが、役所は要求をはねつけた。そこで、城間たちは直接、県庁へ訴えた。その結果、「名子《なご》」や「宿引女《やどひきおんな》」の廃止など「旧慣」の一部は改めようということになった。

この成果に農民たちは喜んだが、役人たちは怒り、いっせいに辞表を出したため、島は大騒動となった。役人たちに突き上げられて、宮古島役所長も結局、県知事が認めた「名子」や「宿引女」の廃止を見合わせた。農民たちにとっては、島役所も県庁も、もはや信用できないことがわかった。残る手段は、東京の政府への直訴《じきそ》だ。

城間が所持金全部を提供し、農民から寄付をつのり、1893（明治26）年、農民代表、平良真牛《たいらまうし》、西里蒲《かま》と城間、中村の計４人で東京に向かった。４人は開設されてまもない国会と政府の関係者に請願書を渡し、人頭税の廃止を訴えた。その行動を、東京の新聞は「沖縄県宮古島民、苛政《かせい》に苦しむ琉球の佐倉宗五郎、上京す」と報道した。佐倉宗五郎は、江戸時代、重税にあえぐ農民の苦境を将軍に直訴して処刑された、有名な「義民《ぎみん》」だ。

この“宮古の義民”たちの訴えにより、翌1894年、「沖縄県県政改革請願書」が国会に提出され、可決される。それから９年後、1903（明治36）年、人頭税は廃止された。

❖謝花昇と沖縄「民権運動」

宮古島で人頭税撤廃運動が高揚していた時期、沖縄本島では謝花昇《じゃはなのぼる》らの「民権運動」が始まった。

謝花昇は、1865年、沖縄本島南部の東風平《こちんだ》の農家に生まれた。教師養成のための師範学校在学中の1882（明治15）年、県費留学生に選ばれて上京、東京山林学校（現在の東京大学農学部）で農学を修め、1891（明治24）年、沖縄県に技師として就職した。26歳だった。

謝花が県庁に入った翌年、奈良原繁《ならはらしげる》が沖縄県知事に着任する。ここに“運命の対決”が準備された。

奈良原は薩摩閥《さつまばつ》の実力者だったが、着任まもなく、沖縄本島北部の山林を伐採《ばっさい》しての大規模な開墾《かいこん》事業に着手した。首里や那覇の貧窮《ひんきゅう》士族の救済のためということだった。

対象とされた山林は、「杣山《そまやま》」と呼ぶ共有林だ。そこは、ずっと昔から村人たちが自由に入って薪《まき》を取ることのできる、本土でいう「入会林《いりあい》」だった。その「杣山」を伐採してしまうというのだ。農民たちは新知事に対し、伐採の取りやめを嘆願した。しかし奈良原知事は、警察力を使ってそれをねじ伏せ、伐採を強行した。

謝花昇は実は、この開墾事業の事務主任だった。ところが、現地で農民と接触しているうちに恐るべき実態がわかってきた。貧窮士族の救済というのは口実《こうじつ》で、首里の特権階級と本土から来た役人や商人が結託《けったく》し、また奈良原知事自身も他人名義で一枚かんで、広大な山林を手に入れた上、立ち木を伐採して売り払っていたのだ。

事実を知った謝花昇は、防風林・水源地保護の観点から、開墾の規模を極力制限しようとする。そこで知事は、謝花昇を開墾事務主任の地位から下ろし、かわりに腹心《ふくしん》の部下をすえて伐採《ばっさい》を続行した。

しかしこのあとも、謝花昇は奈良原知事と対立をつづける。それに対し奈良原知事は、県の主要人事を腹心の鹿児島県出身者で固め、沖縄人の謝花には差別的なあつかいでむくいた。県庁での謝花の立場は苦しくなる。

1898（明治31）年、第13回帝国議会に「沖縄土地整理法案」と「衆議院議員選挙法改正案」が提出されると、謝花昇は農民の代表として上京、民権政治家として著名な田中正造《しょうぞう》や星亨《とおる》らに会って奈良原知事の暴政を訴え、沖縄県民にも参政権を、と要請した。前述の通り、沖縄だけはまだ衆議院議員選挙制の施行から除外されていたのだ。

このあと謝花は、県庁を辞職し、東京で同志の当山久《とうやまきゅう》

出身地・東風平（こちんだ）に立てられた謝花昇の銅像。

三《ぞう》や神谷正次郎たちと、政治結社「沖縄倶楽部《くらぶ》」を結成、1899（明治32）年、機関誌『沖縄時論』を発行し始めた。同年3月、謝花は同志の当山とともに沖縄へ戻り、県下各地を遊説《ゆうぜい》してまわる。また、印刷や文具、肥料、穀類などをあつかう「南陽社」という商社を設立、「沖縄倶楽部」の経済基盤を確立することにした。

謝花らがめざしたのは、ひと言でいえば民権の追求と、民衆の生活向上のために尽くすということだったが、残念ながら『沖縄時論』は第27号を除いて残存していない。ただ、謝花らの論敵だった『琉球新報』が『沖縄時論』の記事を批判しているので、そこから逆に謝花らの主張の一端をうかがうことができる。

この『琉球新報』は、1893（明治26）年に創刊された。その主筆《しゅひつ》・太田朝敷《おおたちょうふ》は、かつて県費留学生として謝花とともに上京した仲間だったが（慶応義塾に入学）、いまや謝花とは正反対に奈良原知事の側について、沖縄の地位向上をめざしていた。太田は、こう開き直っていた。

――「世間には、琉球新報は御用新聞だの県当局の提灯《ちょうちん》持ちだのと非難する連中がいるが、それで結構じゃないか。いま沖縄県にとって重要なことは、とにかく本土と同化すること、極言すればクシャミまで他府県の人々を真似《まね》ることだ。他府県並みになることが沖縄県の目標であり、スローガンなのだから、新聞社としては県の方針を忠実に報道することこそが使命なのだ」

中央政府による「同化」政策を受け入れ、「他府県並み」の達成を急ぐ沖縄の支配層の焦りが、ここにあからさまに語られている。

県当局に弾圧され、太田朝敷に代表される指導層からの指弾《しだん》をあびて、謝花昇らは苦境に追い込まれる。同志も１人去り２人去りして、謝花はついに完全に孤立した。資産も使い果たしていた。「民権運動」は「挫折《ざせつ》」した。

1901（明治34）年、追われるようにして沖縄を出た謝花昇は、生活のため職を求めて山口県に向かった。ところがその途中、神戸駅で精神異常を発症、郷里の東風平《こちんだ》に戻る。以後数年、精神を狂わせたまま余生を送り、1908（明治41）年、謝花昇は44歳で悲運の生涯を閉じた。

こうして、謝花昇らの民権運動は終わったが、彼の最大の論敵だった太田朝敷はのちに著書『沖縄県政五十年』でこう述べている。――「謝花君の選挙権獲得運動が動機となって、あの頃からは民権論者もあり、県や郡のやり方に対して大胆に批判を加える者もあちこちに出てきた」

民権確立を求める精神は、確実に受け継がれたのである。

✣沖縄を巻き込んだ国家主義

それにしても、謝花昇の「挫折《ざせつ》」と死は、当時の沖縄の政治状況を象徴していた。それは、沖縄の指導層が「琉球王国」への郷愁《きょうしゅう》を捨て去り、大日本帝国の国家主義・軍国主義に呑《の》み込まれていく、ちょうどその転換期だった。

「琉球処分」の後も、沖縄の旧士族の間に、中国（清国）の力を借りて「王国」を再建しようという運動が続けられたことは先に述べた。しかし 1894（明治 37）年、日清《にっしん》戦争が起こり、清国が敗れたことで、その期待は消滅した。そこで彼らは方針を転換、「公同会」という政治結社をつくった。「琉球王国」の再建は断念するが、次善の策として政府に、最後の「国王」だった尚泰《しょうたい》を県知事に任命してもらい、あわせて「沖縄に適切なる特別制度」を認めてもらう、つまり日本国の枠内での「特別自治制度」の獲得がその目的だった。

「公同会」は宮古島の人頭税撤廃運動にならって県下を遊説《ゆうぜい》、7万人の署名を集め、1897（明治 30）年秋、太田朝敷《ちょうふ》を含む代表団が上京、政府に請願書を提出した。しかし中央集権の確立を急ぐ政府がそれを認めるはずはなく、時代錯誤の要求として一蹴《いっしゅう》され、「頑固《がんこ》の迷夢《めいむ》」として片付けられた。

「公同会」の運動が雲散霧消《うんさんむしょう》し、また謝花らの「民権運動」が挫折したあと、国家主義・軍国主義が急速に沖縄の社会に浸透してゆく。そこで国家主義化への大きな役割を果たしたのが、「沖縄教育会」と『琉球新報』だった。

「沖縄教育会」は日清《にっしん》戦争直後に、機関誌『琉球教育』を発行し始める。そこでは、「沖縄人は、歴史的ないきさつもあって忠君愛国の精神が欠けている。もっと国家意識を高めて、国家に身命をささげることができるよう、忠君愛国の精神を植えつけることが、沖縄における教育の基本である」と繰り返し強調した。

日清戦争から10年、ロシアとの戦争、日露《にちろ》戦争（1904～05年）前後になると、沖縄でも国家主義・軍国主義の風潮が高まり、国家の戦争政策を支持し、忠君愛国の思想を信奉《しんぽう》する人々が急速にふえてきた。1904年年末、『琉球新報』は、「日露戦争によって国威《こくい》が発揚《はつよう》されたことを無上《むじょう》の喜びとする」と述べたあと、こう国家への忠誠《ちゅうせい》を説いた。

「一旦緩急《いったんかんきゅう》あるに際し（いざという場合となり）至尊《しそん》の一勅《いっちょく》（天皇陛下の命令）降下《こうか》するときは、五千万の国民あたかもエレキに感触したる如く（電気に打たれたように）身を忘れ、家を忘れ、国のためにただこれ従うということでなくてはならない」

日露戦争から6年後、1911（明治44）年、京都大学の経済学部助教授・河上肇《はじめ》が沖縄の土地制度を調査するためにやってきた。那覇で「新時代来《きた》る」と題して講演した河上は、その中でこう述べた。

「沖縄は本土と異なる歴史、文化をもつ。そのため愛国心に乏しいようだ。しかしこれは決して嘆くべきことではない。むしろこういう辺境の地域から、新しい時代の新しいヒーローは生まれるものだ」

さすがに学問的信念をつらぬいた社会科学者らしく、国際化時代の現代に生きる私たちにも示唆《しさ》を含んだ言葉だったが、忠君愛国思想の拡大に躍起《やっき》になっていた人々は、この発言にいたく刺激された。『琉球新報』はさっそくこの講演を「許しがたい弁論」として糾弾《きゅうだん》、河上肇を「非国民的精神の鼓吹者《こすいしゃ》」として攻撃した。

その結果、河上肇は調査の日程をくりあげて京都へ引き揚げざるを得なかった。当時の社会的風潮を伝える「河上肇の舌禍《ぜっか》事件」として知られる。

✣日露戦争下の農村の状況

「沖縄の民衆は忠君愛国思想が薄いようだ」と河上肇は述べた。じっさい、沖縄の農村の状況は、愛国心に酔うどころではなかったのだ。

日露戦争が始まった1904年、沖縄は旱魃《かんばつ》に見舞われた。島尻郡《しまじり》（本島南部）では40%、中頭郡《なかがみ》（同中部）では24%、宮古《みやこ》島で37%、作付面積が減少した。『琉球新報』の太田朝敷《ちょうふ》も「旱魃被害瞥見《べっけん》」と題した連載記事の中でこう書いている。――「農民の口から、勝っても負けてもいいから、とにかく早く戦争終わればいい、という声が漏《も》れてきつつある。これは、農民に愛国心がないからではない。当局者が『虚名に熱して実益に注意せず』、いわゆる『戦時の経営』に無頓着《むとんちゃく》な結果であって、罪は当局者の方にある」

『琉球新報』は「御用新聞」だと自認していた太田朝敷でさえ、黙って見過ごすことができないほど、農村の疲弊《ひへい》、農民生活の貧窮《ひんきゅう》は深刻だったのだ。追いつめられた貧しい農民の子弟の中には、糸満《いとまん》（本島南部の漁師町）に身売りして、満20歳まで年季奉公《ねんきぼうこう》するものもあれば、遊郭《ゆうかく》に売られていった娘も少なくなかった。

農村の窮乏《きゅうぼう》はこのようにすさまじいものであったが、沖縄だけがとびぬけてひどかったわけではない。北海道から九州まで、日本全体の農村は多かれ少なかれ同じような窮乏状態に追い込まれていた。ただ沖縄は、耕地が少ない上に水の確保が困難で水田耕作に適せず、さらに旱魃《かんばつ》や台風などきびしい自然条件にさらされていたために、状況は一段と過酷《かこく》だったといえる。

さて、農村をこういう窮乏状態に置きながら、富国強兵《ふこくきょうへい》をめざす政府は、その農村から青壮年《せいそうねん》男子を徴兵《ちょうへい》して、日清戦争に次いで日露戦争へ突入した。その日露戦争中の1905年３月の『琉球新報』に、こんな記事がある。

「(生活が) 中等以下に至りては、蘇鉄《そてつ》を常食として粉米はまれに食するを以《もっ》て、旧藩時代における飢饉《ききん》同様、中等以下の貧民は顔色血色なく、全く胃病患者の如《ごと》し」

なんと、ソテツを「常食」としていたというのだ。その惨状は、200年前の『球陽』の記述「民人《たみびと》食を失い、或は蔬菜《そさい》を採り、或は木皮を剥《は》ぎ…」と変わりはなかった。

❖あいつぐ恐慌下の「ソテツ地獄」

当時、沖縄の農村では、畑作面積の半分で主食のサツマイモを作り、４分の１でサトウキビ、残り４分の１で野菜などを作ったという。サトウキビはしぼって家内《かない》手工業で砂糖を作ったが、精製《せいせい》して白くする前の黒糖である。それを売って、米その他を購入したのだった。

やがて沖縄にも近代的な製糖工場がつくられたが、日清戦争で台湾《たいわん》を植民地とした日本は台湾を製糖産業の本拠《ほんきょ》としたため、政府の支援を得ることはできなかった。

1914年、第一次世界大戦が勃発《ぼっぱつ》する（～18年)。ヨーロッパを主戦場に戦争が続いていた間、日本はいわば漁夫《ぎょふ》の利《り》を得て、好景気にわいた。沖縄で唯一最大の産業である製糖業も砂糖景気にわきたった。

かつては黒糖は農家でこのように牛や馬の力を借りてサトウキビをしぼり、造られた。琉球村での実演。（© OCVB）

ところが1920年代に入り、欧米諸国が経済を回復するにつれて、日本の商品は急速に市場を失い、過剰《かじょう》生産から一転して戦後恐慌《きょうこう》に襲われる。砂糖もその例外ではなく、糖価は暴落した。沖縄の黒糖は本土の農村でよく買われたが、その農村が疲弊《ひへい》したため得意先を失った。

戦後恐慌の日本を、さらに不運が直撃する。関東大震災《しんさい》（1923年）だ。その震災恐慌の中で昭和（1926年〜）を迎えるが、その日本をまたも金融恐慌が襲い、まもなく1929年の世界大恐慌へと突き落とされていった。

沖縄からの輸出（国外）と移出（県外）は砂糖のほか蔬《そ》菜《さい》、泡盛《あわもり》、鰹節《かつおぶし》、漆器《しっき》などで、かわりに米、織物、茶、豆類などを県外から輸・移入していたが、輸・移出額の8割は砂糖が占めていた。その砂糖の価格が暴落したのだから、沖縄経済への打撃は致命《ちめい》的だったのだ。

沖縄の輸・移出入額を見ると、1923（大正12）年以降、1940（昭和15）年まで、ずっと輸・移入超過が続く。

そうした中、農村の窮乏《きゅうぼう》により、1921年以降、国税の滞納額がいっきょに40％台にハネ上がる。

こうした状態であったにもかかわらず、総体として、1919（大正8）年から1928（昭和3）年の10年間の沖縄県と国庫の間の収支はこうなっている。

国庫への沖縄県からの収入　　6835万円
国庫から沖縄県への支出　　　2327万円

――差し引き国庫の4508万円収入増（『沖縄県史』から）

つまり国は、この10年間で沖縄県から4500万円もの収入を吸い上げた計算になる（かりに物価指数を当時の700倍とすると、300億円を超える額になる）。

こうした状況下、1920年代――大正の末から昭和の初めにかけ、飢餓《きが》状態はいっそう深まる。ソテツを「常食」していた沖縄では、調理を誤って死亡する事件があいつぐ。この飢餓状態を新聞は「ソテツ地獄」と呼んだ。1925年、『都《みやこ》新聞』の記者、新城朝功《しんじょうちょうこう》が出した本の書名も、その惨状をずばり指摘した。書名は――『瀕死《ひんし》の琉球』。

❖「移民」と「出稼ぎ」

「ソテツ地獄」「瀕死の沖縄」では生きていけないとなると、人は県外へ出て行かざるを得ない。人々は、自分自身が生きていくために、そして家族を生かすために、県外へ出ていった。海外移民であり、本土への出稼《でかせ》ぎだ。

もともと沖縄県は、数多くの移民を生み、「移民県」と呼ばれた。その歴史は、1899（明治32）年の第1次ハワイ移民から始まり、数の多さは日本の移民全体の10%以上を沖縄県出身者で占めているほどだ。

移民の渡航地は、当初はハワイ、それから南米へと広がっていったが、「ソテツ地獄」下の大正末から昭和の初めにかけ、さらにフィリピン、シンガポールなど東南アジアへも広がった。とくにフィリピン移民は日本全体の35%を占めた。南米は、ペルーやブラジル、アルゼンチンが中心である。そのほか、数は多くないが、アメリカ、カナダ、メキシコ、キューバ、また東南アジアではジャワ、スマトラ、ボルネオなどの諸地域、さらには南太平洋のニューカレドニアまで、渡航先は広がった。

もう一つ、沖縄の人々の重要な移民先となった地域がある。ミクロネシアだ。第一次大戦が始まるとイギリスなど連合国側で参戦した日本は、敵国ドイツの植民地だったこの太平洋の島々を占領、戦後のベルサイユ条約で日本の委任統治領（実質、日本領）とすることに成功した。

日本が「南洋庁」を設置して統治することになった「南洋群島《ぐんとう》」に、とくに昭和に入ってからサイパン島、テニアン島を中心に日本人移民が急増する。1928（昭和3）年に総数1万人を突破した後、1935（同10）年には5万人となり、38（同13）年に7万人、太平洋戦争勃発《ぼっぱつ》の41（同16）年には9万人、そして戦中の43（同18）年には最高の9万6600人を記録するというぐあいだ。そして実は、この日本人移民の半数以上を占めていたのが、沖縄県出身の人々だったのだ（1939年の調査で59%、約6割）。

沖縄からの移住者が多かったのは、沖縄と同様、この

「南洋群島」に移民した人々のために「南洋庁」は学校を建てた。
「南洋庁サイパン実業学校」「同高等小学校」の校舎。

島々でサトウキビ栽培が行なわれたためだ。漁業もまた沖縄出身者がほとんどを占めた。沖縄出身者の経営する商店も多かった。こうして、南洋群島は「沖縄県の延長」という印象すら与えるほどになった（『沖縄県史』）。

しかし、これがのちに、恐ろしい運命的な悲劇を生む。太平洋戦争の後半、アメリカ軍は日本軍の基地となっていた太平洋の島々を一つひとつつぶしながら北上してきたが、1944年夏、サイパン、グアム、テニアンへ、次々に襲いかかる。島はそのまま戦場となり、人々は激しい戦闘のただなかへ巻き込まれる。そして日本守備隊が「玉砕《ぎょくさい》」を遂《と》げるとき、人々もまた「集団自決」へ追い込まれていったのだ。断崖《だんがい》に追いつめられた女性たちが両手をあげて崖から身を投げる様子を見て、アメリカ軍はその崖を「バンザイ・クリフ」と呼んだ。沖縄が“地獄の戦場”となる1

年前、沖縄から移住した人々が多数住む太平洋の島々がひと足先に“地獄の戦場”となっていたのである。

さて、こうして沖縄から、たくさんの人が外国へ渡航していったのは、もちろん自分自身が生きていくためだ。しかし目的はそれだけではなかった。沖縄に残してきた家族・親族への仕送りもまた大きな目的だったのだ。とくに「ソテツ地獄」以降、海外に出た人たちからの送金額は莫大《ばくだい》なものとなる。沖縄県の収人総額の中で、移民からの送金がどのくらいの割合を占めていたかというと、1923(大正12)年には44%、1929(昭和4)年には、なんと66.4%を移民の送金が占める(『沖縄県史』から)。

この当時の沖縄は、外国の地にあっての移民たちの血のにじむような働きによって、かろうじて支えられていた。先に述べたように、県全体としては輸・移入超過、国庫への支出増という超赤字でありながら、それでも持ちこたえられたのは、この移民からの送金があったからなのだ。

郷里を追われた沖縄の人たちは、また日本本土へと向かった。本土への出稼ぎも、海外移民と同じころ、明治30年代に始まったが、やはり「ソテツ地獄」以降、急激にふくれあがる。その出稼ぎ先は、阪神《はんしん》工業地帯、京浜《けいひん》工業地帯、中京《ちゅうきょう》工業地帯に集中していたが、とくに阪神工業地帯には、沖縄県出身の労働者が常に5万人以上、滞在していたといわれる。

出稼ぎの人たちの多くは工場労働者となったが、不熟練労働者だったこともあり、待遇は最悪だった。当時は、日本の労働者の労働条件そのものが劣悪《れつあく》だった時代だ。沖縄からの女性の出稼ぎ者の多くは製糸《せいし》・紡績《ぼうせき》工場で働いたが、そこはまさしく「女工哀史《じょこうあいし》」の舞台だった。1933（昭和8）年に出版された親泊康永《おやどまりこうえい》の『沖縄よ起《た》ち上《あが》れ』の中に、次のような叙述がある。

「出稼労働者、特に女工の生活等は、実に目を掩《おおわ》はしむるに足るものがある。輸出の不振と価格の暴落になやむ紡績業者は、その頽勢《たいせい》の挽回《ばんかい》策として、高賃銀《ちんぎん》の女工を解職し、賃銀が安く食料が粗末ですむ、農村出身の女工を歓迎する傾向があり、その限りにおいて沖縄の女工が相当に歓迎されたこともある。

しかしながら必要な栄養を与へ《え》ず、必要な衛生施設なく、休養と睡眠とを妨《さまた》げられた生活が若い女性を健全ならしめる筈《はず》がない。移出された女工は、一、二年後、不治《ふじ》の病人として送り還《かえ》される。而《しか》もなつかしかるべき故里《ふるさと》への旅行が、彼女等にとっては、墓場への行進なのである」

このような長時間労働、低賃金、非人間的な待遇のもとで働き、しかも自分の生活はギリギリに切りつめて、人々は沖縄にいる家族に送金しつづけたのだ。

そしてさらにこの上に、沖縄からの労働者は、理不尽《りふじん》な差別・偏見とたたかわなくてはならなかった。当時、沖縄の人々の憤激をかった貼《は》り紙に、「職工求ム、但《ただ》シ朝鮮人、琉球人オコトワリ」があったという。「琉球処分」以降、政府が沖縄を差別しつづけたことは先に述べた。国民の間に巣くった差別意識は、この国家による差別と無関係ではなかったろう。

❖「冬の時代」から戦争前夜へ

1924（大正13）年、「関西沖縄県人会」が生まれる。

劣悪な労働条件に加え、差別や偏見ともたたかわなくてはならなかった沖縄出身の労働者たちにとって、県人会はたんなる親睦《しんぼく》団体にとどまらず、差別待遇に反対し、自分たちの生活と権利を守る役割もになっていた。関西以外の各地にも、沖縄県人会がつくられてゆく。

1920年代は、先に見たような経済不況がつづく中、日本の社会運動・労働運動が高揚《こうよう》してゆく時期だ。沖縄の労働者たちの運動も、この日本全体の運動と結びついて高まってゆく。1926（大正15）年には、松本三益《さんえき》や桑江《くわえ》常格《じょうかく》、山田有幹《ゆうかん》らをリーダーとして、沖縄青年同盟が那覇市公会堂で結成された。

以後、この沖縄青年同盟の指導のもとに、いくつもの労働組合が組織され、争議がたたかわれる。もっとも、当時の沖縄には製糖工場以外に近代的な工場はなかったから、その労働組合も、砂糖を詰める樽《たる》を作る樽工《たるこう》の組合、大工《だいく》や左官《さかん》、石工《いしく》などの組合だった。こうした職種の労働者たちは、わけても過酷な労働条件と低賃金にしばられていたのだ。

1930（昭和5）年、沖縄唯一の近代企業だった台南《たいなん》製糖株式会社の嘉手納《かでな》工場と、サトウキビを作る農民との間に争議が起こる。きびしい搾取《さくしゅ》に耐えかねた小作《こさく》農民たちは、ストライキに突入した。この争議には警察も介入《かいにゅう》したが、周辺の農民たちや労働組合に支援され、小作農民側の全面的な勝利で終わった。

このように1928（昭和3）年から1932（同7）年にかけ、沖縄の社会・労働運動は大きな高まりをみせる。が、一方、この時期は、日本のあらゆる民衆運動が治安維持法《ちあんいじ》と特高《とっこう》警察（思想警察）による弾圧の下、冬の時代へと追いつめられていった時期でもあった。そのきびしさは、たとえば社会科学研究会に対する弾圧に見られる。

社会科学研究会は1927（昭和2）年、沖縄の小学校教師と師範《しはん》学校（教師の養成学校）生徒を中心に結成された。沖縄青年同盟員の指導で、社会主義の本を読みすすめる一方、農民・労働運動への支援活動を行なった。ところが、1929（昭和４）年、師範学校生徒の持っていた“不穏《ふおん》印刷物”の発覚《はっかく》をきっかけに、メンバーが次々に検挙《けんきょ》される。その結果、師範学校の生徒は放校・退学・無期停学、教師たちは免許状剥奪《はくだつ》・懲戒《ちょうかい》免職などのきびしい処分を受け、社会科学研究会は壊滅した。

しかし沖縄の教師の運動は、すぐにまた姿を変えて現われる。沖縄教育労働者組合だ。そのエスペラント語訳の頭《かしら》文字をとって「ＯＩＬ」と略称されたこの組織は、1931（昭和6）年１月、先の社会科学研究会のメンバーも含めて結成された。しかし翌２月、実際の活動に入る間もなく、特高警察にその存在を察知され、次々に検挙された。中心メンバー４人に対する取り調べはすさまじく、うち２人は拷問《ごうもん》により精神に異常を生じた上、まもなく死亡した。また起訴《きそ》された16人の小学校教師のうち、13人が懲戒免職の処分を受けた。

同じ時期、八重山《やえやま》諸島には1930（昭和5）年、東京の日本教育労働者組合に結びついた教員組合がつくられた。その非合法下の活動は３年近くもつづけられ、メンバーは30名をこえたが、1932（昭和7）年、特高警察の手が入り、あいついで検挙された。主要メンバーはほとんどが懲戒免職の処分を受けた。まさしく、弾圧のあらしが吹き荒れる“冬の時代”だった。

そしてこの時期、日本は、満州（中国東北地方）において1931（昭和6）年9月18日、軍部の謀略《ぼうりゃく》によって引き起こされた柳条湖《りゅうじょうこ》（鉄道破壊）事件をきっかけに、中国との、さらにはアメリカ・イギリスとの、長い戦争――「十五年戦争（～1945）」に突入してゆく。

その非常事態下、沖縄の惨状を見かねた政府は、県当局が作成した計画案をもとに「沖縄県振興《しんこう》15年計画」を策定、1933（昭和8）年から実施に入る。主力産業の製糖業の設備を整理・拡充し、土地改良をやり、港湾や道路など産業基盤を整備しようという「計画」だった。

しかし、現実に実施された「計画」は、当初予定の実質わずか20%程度で終わった。しかも15年という期間も完了しなかった。なぜなら、15年目を迎える2年前に、沖縄は日米両軍の“最後の決戦”に巻き込まれてしまったからだ。

その戦火の中で、どんなことが起こったか。それはすでにI章で述べた。

【主な参考図書】
『琉球・沖縄史の世界』豊見山和行編（吉川弘文館）
『沖縄県の歴史』安里進他（山川出版社）
『新琉球史・古琉球編』（琉球新報社）
『新琉球史・近世編（上）』（琉球新報社）
『新琉球史・近世編（下）』（琉球新報社）
『沖縄県史・1（通史）』（国書刊行会）
『沖縄の無産運動』安仁屋政昭著（ひるぎ社）

V
沖縄の暮らしと文化

シーサー（獅子の方言名）。もとは魔除けだが、多様な形態のものがある。（© OCVB）

沖縄のことば

❖複雑・多様な琉球方言の世界

沖縄の子どものなぞなぞ遊びに、こういうのがある。

チッチン　チラランセー　ヌーヤガ？

共通語になおすと、こうなる。「切っても、切れないもの、なあに？」。答えは「水」だ。もう1つ。

アッチン　アッチン　ウーティチューセー　ヌーヤガ？

共通語になおすと、「歩いても、歩いても、追いかけてくるもの、なあに？」。答えは「影法師《かげぼうし》」。

琉球方言を知らない人が「チッチン　チラランセー」と聞いてもわからない。まるで外国語に聞こえる。

しかし、琉球方言は、まぎれもなく日本語の一方言だ。図で示すと、次のようになる。

- 原《げん》日本語
  - 本土方言
    - 東部方言（関東、東北）
    - 西部方言（関西、中・四国）
    - 九州方言
  - 琉球方言
    - 奄美方言
    - 沖縄方言
    - 宮古方言
    - 八重山方言
    - 与那国方言

つまり、本州弧《こ》に対応して本土方言があるように、琉球弧に対応して琉球方言があるのだ。そして本土方言が、同じ方言圏《けん》でも地域によって大きな差異があるように、琉球方言の場合も、5つの方言圏内でまたそれぞれに違いがある。その複雑さは、島が違えば、ことばも違うといわれるほどだ。たとえば、「あたま（頭）」のことを、それぞれの島でどう言うかというと――

カマチ（奄美《あまみ》大島）・ハマチ（喜界《きかい》島）・ウッカン（徳之《とくの》島《しま》）・チブル（沖縄島）・カナマズィ（宮古《みやこ》島）・チィブル（石垣《いしがき》島）・ザブラ（西表《いりおもて》島）・ミンブル（与那国《よなぐに》島）

――と、こんなに違う。琉球語の世界は、きわめて多様性に満ちているのだ。

❖日本古語を映す鏡・琉球方言

このような琉球方言が、九州から南の島じまに広がっていったのは、外間守善《ほかましゅぜん》先生（国語学）の説では、2、3世紀から6、7世紀にかけてのことだろうという。しかし現在のようなことばの形がすぐにできたわけではなく、琉球語が「方言化への傾斜」を深めだしたのは11、12世紀になってからのことらしい（『沖縄の歴史と文化』中公新書）。つまり、『源氏物語』や『枕草子』の時代までは、琉球方言も本土方言も、さして変わりはなかったのだ。

外間先生の本に、おもしろい例が出ている。「坂」のことを、琉球方言では「ヒラ」という。語源をたどると、『古事記』に「黄泉平坂《よもつひらさか》」（この世とあの世［黄泉《よみ》の国］の境にあるという坂）ということばが出てくるように、日本古《こ》語《ご》では「坂」のことを「ヒラサカ」といっていた。その下半分の「サカ」が本土方言に残り、上半分の「ヒラ」が琉球方言に生き残っているというわけだ。

同様の例に、平安時代の「アカリソウジ（明かり障子《しょうじ》）」がある。本土では下半分の「ショウジ（障子）」が残り、琉球では上半分の「アカイ（明かり）」が障子をさすことばとして残った。

これらの例もそうだが、琉球方言がたいへん興味深いのは、そこから日本古語の姿が浮かんでくることだ。

たとえば、日本語のハ行音の変遷《へんせん》をたどると、奈良時代の「パ」から、平安時代には「ファ」となり、江戸時代になって現在と同じ「ハ」となる。ところが、この３つともが、いま現在の沖縄本島方言の中で話されているというのだ。すなわち、「はな（鼻）」のことをどう呼んでいるかというと——北部の名護《なご》や今帰仁《なきじん》一帯で「パナー」、恩納《おんな》村《そん》の谷茶《たんちゃ》で「ファナ」、そして那覇《なは》で「ハナ」というぐあいだ。

この例を紹介したあと、国語学者の中本正智《まさちえ》先生はこう述べている（『沖縄風物誌』大修館所収「風土とことば」）。

「中央語で奈良時代から現在まで千数百年かかって変化したすべての段階の形が、今、沖縄本島内で話されているということになるのだが、これは驚くべき事実ではないか」

そしてさらに、沖縄本島周辺の離島ごとの発音の差異を例示したあと、こう言い切る。

「沖縄方言圏にこれだけの内部差があるから、東北から九州までのヤマトゥグチ（本土方言のこと）の差は、その中にすっぽり埋没《まいぼつ》してしまうわけだ。しかも琉球語からみれば、沖縄方言は５つの方言圏の１つにしかすぎない。言葉からみれば、日本列島より琉球列島がはるかに大きいということだ。世界の主な言語の発音を琉球語の中に発見することはさほど難しいことではない」

✣5母音から3母音へ

ところで、本土から沖縄を訪れる人にとって、この地の方言は外国語にひとしいが、それでも音韻《おんいん》変化の特徴を知ると、少しは類推がきくようになる。その音韻変化の代表的な特徴が、いわゆる5母音《ぼいん》から3母音への変化だ。

日本語の共通語は5母音からなる。a、i、u、e、oの5つだ。ところが、琉球語では、このうち、eがiに、oがuに吸収されて、a、i、uの3母音になった。その結果、どう変わったかというと

＊e──→iの場合

雨　ame → ami　　豆　mame → mami

手　te → ti　　舟　fune → funi

＊o──→uの場合

雲　kumo → kumu　　夜　yoru → yuru

心　kokoro → kukuru

こうした母音の変化は、またいくつかの子音《しいん》の変化も生み出した。たとえば、カキ（垣根の「垣」）が「カチ」と変化したのもその一例だ。この音韻変化がわかると、冒頭に紹介したなぞなぞ遊びの「チッチン」も、はじめは「キ(切)ッテン」だったろうということがわかる。

✣「方言札」と「方言論争」

さて、こうした音韻《おんいん》変化や日本古語との関連など、言語学・民俗学研究の宝庫ともいえる琉球方言だが、近代に入

ると、激しい攻撃にさらされるようになる。日本国家への「同化」を急ぐ人々にとって、琉球方言は最大の障壁《しょうへき》となったからだ。とくに昭和の“戦争の時代”に突入し、軍国主義・国粋《こくすい》主義のあらしが吹きすさぶようになると、琉球方言はついに“絶滅”の対象にすえられる。

「みんなはきはき標準語」「一家そろって標準語」といったポスターがあちこちに張り出される一方、学校では子どもたちに対し、「方言札《ほうげんふだ》」なるもので脅《おど》して、方言の使用を禁止した。うっかり方言を使うと、この「方言札」を首からぶら下げさせ、見せしめにするのだ

ところが、こうした県当局の「標準語励行《れいこう》運動」に対し、それはおかしい、と言った人がある。一般庶民が使う日常生活の道具の中に新しい美を発見して、「民芸」ということばを日本に広めた、柳宗悦《やなぎむねよし》だ。

中国との戦争が泥沼化していた1939（昭和14）年末、観光視察で沖縄を訪れた柳は、地元関係者との座談会の中で、折から熱狂的にすすめられていた「標準語励行運動」に対し、異議をとなえた。こういう理由だ。

——日本の数多い地方語の中でも、日本古語を最も大量に含んでいるという意味で、沖縄語は国宝的な価値をもっている。

——よその県でこういう運動をやっているところはない。人は地方語を用いる時、はじめて自由なのだ。

これに対し県当局は、「沖縄のことばはたしかに貴重だが、その調査・研究は一部の学者にゆだねればいいことで、沖縄県民の地位の向上のためには、やはり方言を一掃《いっそう》し、標準語を使うようにすべきだ」とハネつけた。

この論争を、「方言論争」と呼ぶ。論争は、柳《やなぎ》田《た》国《くに》男《お》、長谷川如是閑《にょぜかん》といった著名人を含むたくさんの人々を巻き込んで、1940年のほぼ1年間つづいた。

この論争は決着のつかないまま終わったが、そこで問われていたのは、たんに琉球方言という言葉の問題だけではなく、独自の歴史をもつ沖縄の社会と文化、さらにいえば沖縄そのものをどう見るか、という問題だった。

その論争から70年余がたち、今や琉球方言に対する見方も大きく変わってきた。沖縄本島と周辺の方言を「うちなーぐち」というが（うちなー＝沖縄＊）、その「うちなーぐち」を使った歌や映画、演劇が評判を呼んでいる。

そうした動きを自覚的にとらえ、発展させようと、2006年、県条例で「しまくとぅばの日」（9月18日）が定められた。「しま」は島、村、さらには故郷を意味する。「しまくとぅばの日」は「故郷のことばの日」ということだ。

自らの「ことば」に自信と誇りをもつ。それは明らかに「自立」の宣言へとつながっている。

＊ okinawaを、先に述べたo→u、キ→チの音韻変化で置き換えてみると、「ウチナー」への変化がわかる。（梅田 正己）

地名と家と街

✣地名と名字

沖縄の地名は、外からやってきたものには、めずらしい

沖縄のバスの表示も、はじめは読めなくて戸惑うことが多い。

し、なかなか読めなくて困る。それに、人の名字《みょうじ》だって変わっている。でも、沖縄の名字はほとんどが地名によっているから、地名が読めれば、人の名前も読めるようになる。

地名を覚えると、旅行も楽しくなるし、親しみもグンと増す。まず地名を覚えることが、琉球・沖縄の文化にふれる第一歩だ。

さて、その地名や名字も、もともとは方言で呼ばれてきたが、第二次大戦後は、標準語で読むようになった。たとえば、名字に多い大城、金城の「城」は、それまでのグスクから、シロ、ジョウと呼ぶようになった。大城《ウフグスク》さんが、大城《オオシロ》さんになったのだ。ただし地名の方は、いまも変わらない。中城はナカグスクだし、玉城はタマグスク、豊見城はトミグスクだ（ただし高校はトミシロ高校）。

また、沖縄の地名はほとんどが当て字だから、普通の読み方では読めないことも多い。「基地の島・沖縄」の章で何度も登場した金武町《きんちょう》、読谷村《よみたんそん》、北谷町《ちゃたんちょう》などがそうだ。なお市町村名の「村」はすべてソン、「町」はすべてチョウと読む。

日本の古語の地名も残っている。南風原《はえばる》町のハエ、東風《こち》平《んだ》のコチなどだ。

東西南北の方位の方言は、東＝アガリ、西＝イリ、南＝フェ、北＝ニシで、これらのついた地名も多い。ただし、同じ「西」でも、イリオモテヤマネコのすむ西表《いりおもて》島と、琉球大学のある西原《にしはら》町がある。しかも、「北」がニシなのだから、何とも紛《まぎ》らわしい。西原町はだから、正しくは「北原町」の意味なのだ。

もう一つ、よく見かけるもので、読みの基本になるものを挙げておこう。接尾語で、原＝バル、平＝ヒラ、頭＝カミ、納＝ナ、謝＝ジャ、武＝ン、接頭語で、後＝クシ、新＝アラ、などだ。そのほかに、兼久＝カニク、奥武＝オウ、平安＝ヘンなども、とても読めない。

このように、沖縄の地名はなかなか難しいが、一度覚えると、忘れられない味わいがある。バスの中で、地名あてクイズを楽しんでみよう。

❖沖縄の四季

沖縄の地名はこのように変わっているが、しかし考えてみれば不思議はないかも知れない。なにしろここは亜熱帯、四季の移り変わりも、気温よりはむしろ、風向きの変化や、雨季や、渡り鳥の到来などで知る地域だからだ。このうちとくに、季節風の交替が明瞭で、夏は南寄りの風が５～８月にかけて吹き、冬は北寄りの風が10月から翌年の３月にかけ吹いて、モンスーン（季節風）地帯の特徴がはっきりと現れる。

四季の特徴を、ざっと追ってみよう。

〈**梅雨**〉本土に比べ、１カ月以上も早く、５月11日ごろから６月21日ごろまで、およそ40日つづく。年ごとの変化が大きいが、この期間の平均降水量は350～600ミリに達し、年間の15～25％になる。

〈**夏**〉６月下旬（夏至《げし》の頃）に梅雨《ばいう》前線が北へ去ると、太平洋高気圧におおわれ、夏至南風（カーチーベー）が吹き始めて盛夏となる。晴天の安定した天気がつづき、真夏日や熱帯夜が毎日のようにつづくが、35度を超える猛暑日にはまずならない。

また、台風のシーズンでもある。台風は災害を運んでくるが、反面、水不足のときには恵みの雨をもたらし、また病害虫の駆除《くじょ》にも役立つ。

９月中旬になると、夏型の気圧配置がくずれ、しのぎやすくなる。

〈**秋**〉10月中旬には大陸高気圧が張り出して、北寄りの季節風がいっきに吹き始め、長かった夏の終わりを告げる。この北東季節風はミーニシ（新しい北風）と呼ばれ、この風に乗って本土から、鷹の一種であるサシバの群れの渡り（南下）が見られる。沖縄の秋の到来を知らせる風物詩として有名だ。およそ11月中旬までは移動性高気圧の圏《けん》内で晴天がつづき、南風の吹くときは気温が30度を超す日もある。

〈冬〉12月〜２月、西高東低の冬型の気圧配置が強まると、北風が強まって気温が下がり、曇りや小雨の日が多くなる。１月でも最低気温が10度を下ることは少ないが、曇天《どんてん》で風が強いため、寒さを感じやすい。沖縄島北部では、ヒカンザクラ（緋寒桜。カラーページ参照）が１月下旬に満開になり、「桜まつり」が開かれる。

〈春〉２月下旬になると、冬型の気圧配置がくずれだして移動性高気圧と気圧の谷が通り、変わりやすい天気となり、気温も下がり始める。このころから、沖縄近海に低気圧（俗称、台湾坊主）が発生し、天気が急変して海が荒れるので、ニンガチカジマーイ（２月風廻り）と呼ばれ、漁師たちから最も恐れられている。

４月になると、時に晴天がつづき、気温が上昇して、早くも初夏を思わせるようになる。「若夏《わかなつ》」「うりずん」と呼ばれる季節で、「県花」であるデイゴの花がひらく。

✣屋敷林と赤瓦の家

その地方の気候や風土は、当然、その地方の屋敷や家の造りを決める。沖縄の場合、まず第一に考えられてきたのは、台風と、長い夏の暑さだ。つまり、台風への備えと、夏をどう涼しくするかが、沖縄の家の造りの基本だった。

沖縄を歩くと、台風から屋敷を守るため、石垣を積んだり、周囲に屋敷林を植えた伝統的な村を、各地で見ることができる。海辺に近い村では、かつてはサンゴ岩塊《がんかい》を積んで石垣にした所がほとんどだった。

屋敷林としては、フクギの木が好んで植えられた。これには冬の北風を避ける役割もあり、一般に屋敷の北側に屋

サンゴ石を積んでつくった石垣。(© OCVB)

敷林があり、家は南向きに建てられている。

なお、門口に近い石垣には「石敢当《いしがんとう》」と彫《ほ》ったり書いたりしたものが置かれたり、はめ込まれたりしている。これは、魔よけのしるしで、中国から伝わった風習だ。最新のビルの入口にも、必ずこの「石敢当」が見られる。

さて、サンゴ石灰岩の石垣や屋敷林もそうだが、それ以上に沖縄を象徴するのが、赤瓦《あかがわら》の家だ。赤瓦は、赤土を利用して焼いたもので、それを白い漆喰《しっくい》で塗り固めた屋根は、まだコンクリートが利用できなかった時代、台風の強風にも耐えられる、風土にマッチした建築法だった。漆喰には、浜に打ち上げられたサンゴ石灰岩を焼き、粉末の石灰にして利用した。

この赤瓦の屋根には、シーサーと呼ぶ、かわいい魔よけの獅子《しし》がのっていることが多い(この章のとびら参照)。このシーサーは、屋根の上のほかに、村や各家の入口にも置

赤瓦の家とヒンプン〈中央のついたて〉。(© OCVB)

かれる。これもまた、遠くシルクロードをへて中国から伝わったものだ。

もう一つめずらしいのは、伝統的な沖縄の家で見られるヒンプンだ。外から家の内部が直接に見えないように、門の内側にもうけられた屏風《びょうぶ》のような「衝立《ついたて》」である。このヒンプンには、石やコンクリートのほか、植木が使われることも多い。家そのものには、とくに玄関はなく、板の間の縁側からそのまま座敷に上がることになる。

✣沖縄の街

首里《しゅり》は、いまは那覇《なは》市の一部であるが、かつては琉球王府の首里城があった、沖縄唯一の城下町だった。そして那覇は、その首里の外港の街として発展してきた。首里は、周囲の海を見わたせる丘の上にあり、要害の地である上に水も豊かで、1879（明治12）年、沖縄が日本の1県とな

古都の面影をしのばせる首里・金城の石畳の道。(Ⓒ OCVB)

るまで、琉球王国の首都であった(Ⅳ章参照)。

しかしⅠ章で見たように、沖縄戦では、首里城の地下に司令部壕が掘りめぐらされ、そのため“鉄の暴風”によって城の周辺は跡形もないほどに破壊された。それでも、往時を伝える石畳《いしだたみ》や石造物はまだ一部に残っているし、また、復元された首里城によって、かつての琉球王国の姿をしのぶことができるようになった。

首里の街にはまた、紅型《びんがた》工房や泡盛《あわもり》工場が多い。これもかつての王都に由来するものだ。

首里が王城の城下だったのに対し、那覇は、国場《こくば》川や安里《あさと》川などの河口が良港となり、琉球王朝時代からの埋め立てで発達した商業都市だ。しかしこの那覇も、沖縄戦では跡形もないまでに壊滅《かいめつ》させられた。

現在の那覇市は、戦争直後、占領地区からはずれていたためにいち早く復興した「奇跡《きせき》の1マイル」――現在の国際通りを中心に形成されたものだ。沖縄最大の繁華街《はんかがい》である国際通りの周辺には、県庁、市役所などの行政地区、公設市場のある平和通り、焼き物の町だった壷屋《つぼや》などがある。

この那覇市もそうだったが、かつての沖縄の街や村のほとんどは、沖縄戦での空爆や艦砲《かんぽう》射撃、あるいは地上戦で焦土《しょうど》と化したため、すべて戦後の復興から生まれたものである。とくに、那覇市のように港に近い市街地は、すべてアメリカ軍に占領されたため、その占領地の外側に人々が集まり、都市計画など立てようもないままに、雑然とした町並みがつくられた。つまり、現在の沖縄の都市の姿そのものに、悲惨をきわめた沖縄戦と、それにつづくアメリカ軍占領の傷痕《きずあと》が、深くきざまれているのだ。

もう一つ、沖縄の街づくりを強く規制しているものがある。基地だ。II章で見たように、宜野湾《ぎのわん》市は、アンパンのアンの部分を普天間《ふてんま》基地に占領され、その周囲にドーナツのように広がっている。かつて「コザ市」と呼んでいた現在の沖縄市一帯も同様で、嘉手納《かでな》基地の周りの狭い地域に、基地によって土地を奪われた人々や海外からの引き揚げ者が集まって住み着き、生きていくために基地から仕事をもらい、アメリカ兵相手の商店を開いたりしていくうちに都市化したものだ。こうした都市のなりたちそのものが、慢性的な交通渋滞《じゅうたい》を生み、沖縄の街づくりの本質的なネックとなっている。　（目崎 茂和）

神と祭りの島

✣沖縄の墓と祖先崇拝

沖縄ほどお墓が大きくて目立つ地域は、ほかにはない。

亀甲墓〈かめこうばか〉。沖縄戦のときはこの内部が避難壕に使われた。

祖先崇拝《そせんすうはい》が、いまも根強く生きつづけている証《あか》しだ。

中国大陸からの風水思想の影響で、お墓は永遠の住処《すみか》と考えられているから、大きく立派な墓が、いまでも建造される。沖縄にも仏教の伝来はあったが、それは上流階層だけのもので、民衆の間に浸透することはなく、祖霊《それい》信仰が人々の宗教として生きつづけてきたのだ。

墓の形にはいくつかパターンがあるが、こんにちでは亀甲墓《かめこうばか》と破風墓《はふばか》（家形墓、小さな家の形をしている）が多い。

このうち亀の甲羅《こうら》のような形をした亀甲墓は、沖縄の墓の代表的なもので、16世紀に華南（中国の南部）から伝わった。その形はまた、母の胎内《たいない》（母胎）を表わし、死んでふたたび母なるものの胎内に戻ることを象徴している。その内部は広いため、戦争中には避難壕《ひなんごう》となった。

墓の前も、広い空き地になっている。清明祭《しーみーさい》（旧暦3月）や旧暦1月16日（死者の正月）に、家族や親戚でそ

石垣島白保のウタキ〈ここでは「オン」という〉。拝所はイベと呼ぶ聖域で、神女以外は立ち入りを禁じられている。

こへ出かけていって、ご馳走《ちそう》をひろげ、死者をしのんで団欒《だんらん》するためだ。

✣御嶽――沖縄の“鎮守の森”

沖縄の村や町には、必ず１つか２つ、神をまつった御嶽《うたき》（ウタキ、またはオン）がある。いまでは鳥居のある所も多いから、神社と思われがちだが、実はこの鳥居《とりい》は、ほとんどが昭和期に入って、政府が主導した国家神道《しんとう》の拡大を目的に建てられたものだ。第一、この御嶽は、神社というにしては、社殿がない。あるのは、木立《こだち》に囲まれた、どことなく厳《おごそ》かな感じの「場」だけ。そう、御嶽はいわば日本の神社の原型ともいうべきものなのだ。

御嶽は、神聖な場所であり、クバ（ヤシの一種）やクス

石垣島白保の豊年祭。ミルク〈弥勒＝みろく〉神を迎えて祭りがはじまる。(ⒸWWF)

ノハカエデ、ヤブニッケイなどの木立に囲まれている。その“鎮守《ちんじゅ》の森”の中に、拝所《うがんじょ》があり、その先の砂地の上に香炉《こうろ》が置かれている。そこから先がイベという神の座であり、ここには神女《しんにょ》以外は入れない。もっとも、神の座といっても、神の宿る所は琉球石灰岩などの自然石が多い。

では、その神はどういう神か。村の創始者や功労者など祖先神が多いが（もとはその墓地だった）、海の彼方《かなた》からやってきて幸福をもたらすという神もある。前者を祖霊《それい》神(氏神《うじがみ》)、後者を来訪《らいほう》神という。

✣ニライカナイと竜宮

沖縄だけでなく、奄美《あまみ》諸島の地方でも、はるか海の彼方に、この世に幸福をもたらすニライカナイがある、と古代から信じられてきた。祭りのたびに、そのニライカナイの神が村にやってきて、幸せをもたらし、災《わざわ》いをふせぐなど、人々の願いをかなえてくれるのだ。

日本本土では、この信仰ははっきりとは残っていないが、『日本書紀』や『万葉集』に出てくる「常世《とこよ》」は、このニライカナイと同一のものと考えられている。

おもしろいことに、宮古《みやこ》島には、ニライカナイ信仰がない。かわりに、竜宮《りゅうぐう》信仰がある。あの浦島太郎が亀の背中に乗って出かけていった、海の底の竜宮だ。そしてこの竜宮の神が、やはり幸福をもたらしてくれるのだ。

ニライカナイ信仰にしろ、竜宮信仰にしろ、琉球弧《こ》の島じまでは、そこが島であるゆえに、海やその彼方の未知の世界への人々の思いが投影されたもので、日本を含め広く東アジアの島社会に共通する信仰の原型である。

✣沖縄の祭り

沖縄には、祭りが多い。それも、日本本土では消えてしまった古い祭りや、中国からの影響の濃い祭りが多い。ただ近年、その祭りが消えつつあるのが残念である。

「神事《しんじ》」としての祭りは、前に述べた御嶽《うたき》で、神女を中心に行なうのが基本だ。その神が、多くは祖霊神であることも前に述べたが、祖霊信仰が強い上に、仏教が沖縄では普及しなかったため、この祖霊神の祭りは盛大で、しかも数多い。旧正月（すべて旧暦）の十六日祭、３月の清明祭《しーみーさい》、７月の盆祭りのほか、ウヤガン（祖神祭）などがある。

こうした祖霊神の祭りに対して、来訪神の祭りには、海神祭、節《しち》祭、豊年祭などがある。その中には、ミルク（弥《み》勒《ろく》）神や、アカマタ、クロマタなどの仮面の神が登場する

糸満のハーリー。（© OCVB）

那覇の大綱挽き。（© OCVB）

祭りも少なくない。

そのほか沖縄には旧暦3月3日の「浜下《う》り」(女性の厄払《やくばら》い)、同5月のハーリー（舟漕ぎ競争で、中国から伝来した海神祭）などの海の祭りが盛大だ。8月（旧暦7月）のお盆には、各地で綱挽《つなひ》きや沖縄相撲《すもう》がある。また10月には、那覇や与那原《よなばる》で大綱挽きがあってにぎわう。(目崎 茂和)

沖縄を味わう

✣肉と魚

沖縄の街には、どこにも公設市場があってにぎわっている。その一つ、那覇の国際通りの中心部から直角に伸びている平和通りの公設市場やその周辺を、ぜひ歩いてみてほしい。「観光コースでない」もう一つの昔ながらの沖縄の顔を発見できるはずだ。狭い通路に商品が積み上げられ、威勢のいいおばさんたちの掛け声が飛び交う様子は、東南アジアの市場の雰囲気によく似ている。

さて、本土から来た人が市場を歩いてギョッとするのは、肉と魚の売り場だ。

まず、肉。沖縄で肉といえば、豚肉をさす。中国との文化交流からそうなったのだ。琉球王府の接待料理から生まれた琉球料理も、豚肉が中心だ。一人当たりの豚肉消費量は、沖縄が全国でいちばん多い。

市場では、特別な儀式に使う豚の頭から、皮のついた三枚肉、あばら骨のついたソーキ、内臓、足の先まで、さま

那覇市、国際通りの中心部にある公設市場。野菜、魚、肉、果物から衣料品、雑貨など何でも手に入る。(© OCVB)

ざまの豚肉が売られている。

次に、魚。初めての人は、何よりもその「色」に驚かされる。真っ赤な魚、真っ青な魚と、原色の鮮やかな色をした魚が並ぶ。「県魚」のグルクン(タカサゴ)をはじめ、ほとんどが白身のサンゴ礁の魚だ。しかもたいていは、切り身でなく、一匹ずつまるごと売られている。

タコ、イカ、カニ、貝、ウニなども、サンゴ礁で取れたものだ。このほか、近海を黒潮にのって回遊《かいゆう》するカツオ、マグロ、カジキマグロなどの大型魚も、大きなかたまりで売られている。

✣海蛇と昆布・野菜と果物

市場付近には、乾物《かんぶつ》の店も多い。その乾物屋の店先で目を引くのが、黒い海蛇の燻製《くんせい》だ。棒状と円盤状に巻いたのとの２種類があるが、どちらもエラブウミヘビの高価な乾物で、昆布《こんぶ》と煮込んで食べる最高級の琉球料理である。この海蛇は、サンゴ礁に産卵に来たときに捕獲する。

一方、昆布は、沖縄ではまったく採《と》れない。昆布の主産地は、いうまでもなく北海道だ。それなのに、昔からの琉球料理にも昆布を使ったさまざまの料理があり、現在も昆布の消費量が、これまた全国一だというのは、かつて琉球王国の時代、昆布が有力な交易商品だったからだ。当時、北海道と沖縄、中国を結ぶ“昆布の道”があり、沖縄を中継基地として、北海道の昆布が中国へ運ばれていっていたのだ。

昆布は採れないが、しかし食用の海藻《かいそう》は多い。モズク、ヒトエグエ（アーサ、汁ものに使う）など、すべてサンゴ礁で採れるものだ。

野菜は、いまでは他県からの移入が多い。とくに夏は、暑さ、干ばつ、虫害、台風などで、葉野菜がほとんど採れない。そこで、ゴーヤー（ニガウリ）やナーベラー（ヘチマ）などのウリ類が野菜の主役となる。パパイヤは果物として知られるが、沖縄では野菜として、まだ固い緑の実を油でいためて食べる。

沖縄の果物の代表はパイナップルで、沖縄本島の北部が主産地になっている。小さな島バナナも、甘ずっぱい風味と香りがあっておいしい。柑橘《かんきつ》類では、タンカン、セミノール、温州ミカンなど。その一つ、シークァーサー（ヒラミレモン）はジュースのほかに、刺身《さしみ》にかけたりして風味を楽しむ。このほか、マンゴーなどの熱帯果実も近年は

沖縄で味わいたい料理

真っ赤や真っ青、公設市場の魚屋さんには原色の色鮮やかな魚が一匹丸ごとのまま売られている。（©OCVB）

豚肉消費量は沖縄が全国一。頭から内臓、足の先まで各部位が売られている。（©OCVB）

沖縄そば。奥に見える瓶が島トウガラシを泡盛に漬けて作った薬味・コーレグース。（©OCVB）

ゴーヤーチャンプルー。ニガウリにもやしや卵、豚肉を入れて油で妙めたもの。

中味汁。豚の臓もつで作るお吸い物で、沖縄ではお祝いの席には欠かせない一品。

3枚肉をじっくり煮込んだラフティー。脂身がとろけるようで美味しい。

写真上は、ポン酢や酢みそで食べる海ぶどう。左は昆布を使ったクーブイリチー。沖縄の昆布消費量は今も全国一だ。(ⓒOCVB)

ミミガー。豚の耳皮のさしみ。沖縄では酢の物にして食べる。(ⓒOCVB)

ナーベラー（へちま）。ゴーヤーと並んで夏場に多く消費される。(ⓒOCVB)

沖縄でお酒と言えば泡盛。シマ酒と呼ばれ、泡盛の酒造所が県内に 50 ほどある。(ⓒOCVB)

栽培されており、名産品になりつつある。

❖沖縄そばとチャンプルー

その土地の文化を知るには、その土地の食べ物を食べてみるのが近道だ。だから沖縄でも、一度は、街の食堂に入ってみよう。ここでは、独特の沖縄そばと、チャンプルー料理を紹介しておこう。

沖縄そばは、そばの専門店に入るまでもなく、多くの食堂にある。麺《めん》は、本土のそば・うどん・ラーメンのどれとも違う。小麦粉が原料だが、どの麺よりもコシが強い。スープは、豚やかつおだしで取るが、味はサッパリしている。具は、豚肉とカマボコの切り身で、細切りの紅しょうがが添えられているのが普通だ。

おなかがすいていて、そばだけでは物足りないときは、「ソーキそば」というのがどの店にもある。あばら骨付きの豚肉のかたまり「ソーキ」を上にのせたものだ。

ついでに、そばにかける薬味も味わっておこう。泡盛《あわもり》に島トウガラシをつけてつくったもので小瓶に入って出てくる（コーレグースという）。これが沖縄で代表的な薬味だ。まず数滴たらして、食べてみよう。辛いけど、風味が出ておいしくなる。

チャンプルーは、沖縄の家庭料理の代表だ。ゴーヤー（ニガウリ）チャンプルー、豆腐チャンプルー、麩《ふ》チャンプルーなどの種類がある。ニガウリ（または豆腐、または麩）を主体に、もやしやタマゴ、豚肉を入れて油で炒《いた》めたものだ。ゴーヤーには苦《にが》みがあるが、その苦さが、とくに暑い夏の日など、こたえられない味となる。

❖琉球料理を食べる

沖縄そばやチャンプルーが、庶民の料理だとすると、琉球料理は王府の料理、とくに中国からの使節や薩摩《さつま》の役人をもてなす特別料理で、中国や日本の料理の影響を受けつつ独自に発達してきた料理だ。

素材はやはり、豚肉が中心となる。まず、ラフティー。皮つきの三枚肉を水煮したあと、醤油《しょうゆ》、泡盛、砂糖汁で長時間、煮込んだものだ。次は、豚足《とんそく》を、だし汁で、これもゆっくりと時間をかけて煮込んだアシティビチ。脂身《あぶらみ》がとろけるようにおいしい。この２品がメインだ。

このほか珍しいものとして、ミミガーがある。「耳皮さしみ」のことで、豚の耳の皮をはいだ軟骨を千切りにした酢の物だ。サッパリしていてお酒のつまみになる。

ドゥルワカシは、田芋《たいも》を煮て、豚肉などと練り上げたもの。ジィーマミ（地豆）豆腐《どうふ》は、落花生の豆腐で、これもこってりとして香ばしい。　（目崎 茂和）

沖縄の歌と踊り

❖「オモロ」から「琉歌」へ

沖縄で「歌と踊りの島」といえば、石垣島を中心とする八重山《やえやま》をさす。でも、本土から見れば、沖縄全体が「歌と踊りの島」だ。

通りを歩いていると、独特の旋律《せんりつ》をもつ沖縄民謡の調《しら》べが聞こえてくる。琉球王国の時代以来の伝統舞踊を「琉《りゅう》舞《ぶ》」というが、その琉舞の発表会や、琉球古典音楽（三《さん》線《しん》）の発表会が、ひんぱんに開かれる。沖縄で琉舞を習う人の比率は、本土で日本舞踊を習う人の比率とは比較にならない。恐らく何十倍にもなるだろう。同様に、沖縄の三線人口は、本土の三味線《しゃみせん》人口の数十倍（あるいは数百倍）、たぶんギター人口をしのぐはずだ。

王朝文化の中から生まれた琉舞に対して、民衆の生活の中から生まれた踊りに、「エイサー」がある。概してダイナミックで勇壮活発な、集団の踊りだ（口絵写真）。毎年夏には「沖縄全島エイサーまつり」が開かれ、それぞれの地域に伝わる伝統の踊りを競い合う。

沖縄の島じまはまた、「祭りの島」でもある。そしてその祭りは、必ず「歌と踊り」をともなう。「祭りの島」だから「歌と踊りの島」になった、ともいえるのだ。

じっさい、歌は、祭りの中から生まれた。オモロだ。

オモロとは、沖縄・奄美《あまみ》諸島でうたわれた古い歌謡で、日本古語の「思ふ」がその語源だという。ただし、意味は現在の「思う」ではなく、「(口に出して) 唱《とな》える」という意味だそうだ。そこから、「神のことば」「神にささげることば」という意味になった。その島じまのオモロを 16 世紀から 17 世紀にかけて収集し、全 22 巻にまとめたのが、歌謡集『おもろさうし』だ。

代表的な歌を、1つだけ紹介しておこう（訳は外間守善《ほかましゅぜん》『沖縄の歴史と文化』中公新書から）。

天に鳴響《とよ》む大主　　（天をどよもす太陽よ）

明けもどろの花の　　(明けもどろの花が)
咲い渡り　　(咲き渡っていく)
あれよ　見れよ　　(あれ、見よ！)
清《ちゅ》らやよ　　(なんと美しいことよ)
又　地天鳴響《とよ》む大主　　(天地に鳴りとどろく太陽よ)

遠い水平線の向こうから、天空に無数の光の矢を放ちながら、太陽が、海面を金色に染めてぐんぐん昇ってくる光景を、沖縄の昔の人々は「明けもどろの花」と表現したのだ。

このオモロが、抒情《じょじょう》的に洗練され、定型化されて、「琉歌《りゅうか》」が生まれる。本土の「和歌（短歌）」の「５７５７７」に対して、「琉歌」は「８８８６」の30音だ。これも1首だけ紹介しておこう。作者は18世紀の歌人、恩納《おんな》なべ。

恩納岳あがた　　(ウンナダキアガタ)
里が生まれ島　　(サトゥガンマリジマ)
もりもおしのけて　(ムインウシヌキティ)
こがたなさな　　(クガタナサナ)

歌の意味は、「恩納岳《おんなだけ》の向こうに恋人の生まれた村がある。山も押しのけて、こっちへ引き寄せたいものだ」。万葉集を思わせる、開放的で直線的な恋愛歌である。

❖「三線」で花開いた琉球芸能

この「琉歌」と、中国から渡ってきた「三線《さんしん》」とが結びついて、沖縄独自の芸能をつくりだしてゆく。その始まりの時期は、西暦1500年前後、琉球王国の黄金時代だった尚真《しょうしん》王の時代と見られている。

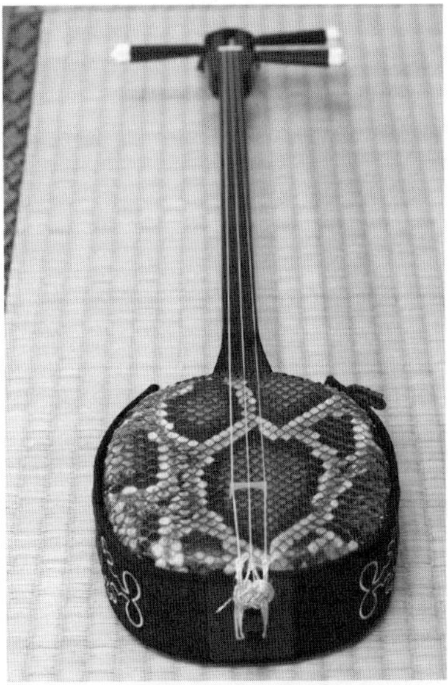
沖縄のサンシン（三線）。胴にはニシキヘビの皮が張られている。（© OCVB）

この「三線」はまもなく本土へ渡って、「三味線《しゃみせん》」となった。1560年前後のことと考えられている。若き織田信長が桶狭間《おけはざま》の戦いで今川義元を打ち破ったころのことだ。本土に渡った三味線は、当初は盲目の琵琶法師《びわほうし》が弾《ひ》いていた。だから、琵琶と同じバチを使って、琵琶の奏法と同様、上から打ち下ろすようにして弦《げん》をはじく。

それに対して、沖縄の三線のバチは爪型で、人差し指にはめて用いる。棹《さお》の長さも、沖縄の三線は三味線よりも15～20センチくらい短い。もともとの中国の三絃《サンシエン》（唐三線）は三味線よりも少し短い程度だから、沖縄で独自に改良されて短くなったものと思われる。

さて、中国渡来の三線は、その胴にインド産のニシキヘビの皮が張られているのを見てもわかるように、きわめて高価な楽器だった。だから当初は、首里《しゅり》の宮廷《きゅうてい》でしか使われなかった。

歌をうたうさい、伴奏のあるなしで、歌の響きはまるで違ってくる。無伴奏では聞けない歌も、カラオケがつけば何とかサマになる。それまで手拍子《てびょうし》と打楽器（太鼓《たいこ》や鉦《かね》）だけだった歌舞の世界に、三線という伴奏楽器が加わったことは、いわばモノクロ写真からカラー写真に変わったような決定的な変化だった。

琉歌と結びついた三線は、三線歌曲を生み、やがて宮廷舞踊の伴奏音楽となる。さらに、後に述べる「組踊《くみおどり》」演劇の音楽にも取り入れられてゆく。

もともと琉球王朝は、芸能に熱心だった。それも祖霊《それい》信仰と結ばれている。王や王族の３回忌《き》や７回忌、あるいは33回忌などに当たる年には、王府によって「踊奉行《おどりぶぎょう》」が任命された。死者の霊《れい》を慰《なぐさ》めるために、霊前に芸能をささげるが、その芸能を主催し、指揮をとるのが、「踊奉行」というわけだ。

王家の年忌《ねんき》だけではない。毎年、７月のお盆には、年に一度、あの世から戻ってくる祖霊のために、首里城下の各寺院で盛大に芸能が演じられた。

ところが18世紀に入り、儒教道徳が徹底されて、霊前に歌舞音曲《おんぎょく》ごときをささげるのは死者への冒瀆《ぼうとく》だということになり、王族の年忌ごとの「踊奉行」は廃止される。

かわって、中国からの冊封使《さっぽうし》をもてなすための芸能をとりしきるものとして、「踊奉行」が置かれるようになった。冊封使とは、Ⅳ章の「琉球・沖縄の歴史」の章で述べたように、琉球国王が代替わりするごとに、中国皇帝の名において新国王を認証（冊封）するため、数百名の規模で中国から海を渡ってきた使節団のことだ。

その冊封使を歓待する初代の「踊奉行」に任命されたのが、のちに「劇聖」と称される玉城朝薫《たまぐすくちょうくん》だった。

朝薫は、中国の演劇や日本の能《のう》、歌舞伎《かぶき》を取り入れ、歴史（伝説）に取材して、歌と踊りと劇で構成する楽劇《がくげき》を創作・上演した（1719年）。この“琉球版ミュージカル”を「組踊《くみおどり》」という。そしてもちろん、この「組踊」全体をささえていたのが三線《さんしん》音楽だった。

やがて時代がたつにつれ、宮廷芸能の楽器だった三線も、地方に広がり、民衆の間に浸透してゆく。村踊り、村芝居、豊年祭り、とさまざまな言い方をされる村の芸能に、三線はなくてはならぬものとなった。

❖現代の沖縄の芸能

近代に入り、古典舞踊に加えて新しい踊りがつくられる。重々しい古典舞踊に対して軽快な動きを基調とする、庶民を主人公にしたこの新しい踊りを、「雑踊《ぞうおどり》」という。

また、一般に沖縄芝居と呼ばれる琉球歌劇、方言セリフ劇も、明治から大正期にかけ、試行錯誤しながら形をととのえてゆく。もともとは、「琉球処分」（192ページ参照）で琉球王国が崩壊した後、職を解《と》かれた旧宮廷の芸能人たちが、庶民の好みや感情を汲《く》み取って新たにつくりだした商業芸能だ。もちろん三線の伴奏で歌や踊りが入る。「組踊」いらい「芝居の中に舞踊や歌があるのが沖縄の伝統」（真喜志《まきし》康忠さん）だからだ。

近代に入っても、沖縄が国家による差別の下に置かれていたことは、Ⅳ章で見てきた。また、沖縄の知識層の間にも、中央政府に迎合《げいごう》して同化政策の旗を振る人々が主流を占めていたことを見てきた。その同化政策が、ついに「方言」絶滅運動などという奇怪なものを生み出す。

しかし一方、その同じ時代、沖縄社会の底辺に生きる人びとは、方言のセリフや伝統的な踊りの入る演劇に笑い、また涙を流していたのだった。沖縄芝居の最盛期、常設の劇揚が10をこえたという。ということは、その劇場を埋めるだけの劇団が活動していたということだ。東京や大阪など大都会は別として、1つの県でこれほど多くの劇団が活動できるということは、本土ではとても考えられない。やはり沖縄という独自の文化圏《けん》での話だ。

この沖縄芝居も、太平洋戦争の犠牲となる。劇場は跡形もなく焼けてしまった上に、沖縄の戦後はきびしかった。

しかし沖縄の伝統芸能が、戦争ですっかりだめになったわけではない。事実はむしろ反対で、「琉舞」や「三線」やエイサーなど、はじめに述べたように、未曾有《みぞう》ともいえるほどの隆盛ぶりだ。それは何か、沖縄の人々が「歌と踊りの島」の「文化の民」として、芸能の中にアイデンティティーを確保しようとしているようにも見える。

1972年、沖縄が日本に復帰した年、組踊は国の重要無形文化財に指定されたが、沖縄県内でも自分たちの独自の文化に対する認識が高まり、1990年、ウチナーグチの沖縄芝居を守り育てるための常設舞台として「県立郷土劇場」ができた。さらに2004年には、沖縄伝統芸能の保存・振興を目的として「国立劇場おきなわ」がつくられる。そこでは、歌舞劇「組踊」のほか、史劇や琉球舞踊などが上演されている。

さらに、戦後の沖縄は新しい音楽を生み出した。その一つがオキナワン・ロックだ。現在の沖縄市は、かつてコザと呼ばれた。コザは、嘉手納《かでな》基地のアメリカ兵相手の店

琉球舞踊にはこのように壮麗なものもある。四竹。(© OCVB)

が集まり、広がってできた街だ。そのコザに生まれたのが、喜屋武《きゃん》マリーやジョージ紫をはじめとするロック・ミュージシャン。1970年前後のベトナム戦争の時代、戦場の硝煙《しょうえん》の臭いがそのまま持ち込まれたようなコザで、彼らのロックはきたえられた。

そしてさらに、ロックに伝統的な民謡の旋律《せんりつ》を溶け込ませた、新しい沖縄の音楽が生まれる。喜納昌吉《きなしょうきち》や照屋林賢《てるやりんけん》などだ。どちらも、バンドを率いて活躍してきた。二人とも、コザの生まれだというのが興味深い。

基地の島・沖縄では基地撤去《てっきょ》のたたかいがずっと続けられてきた。その中で、反戦歌が生まれる。その代表的な歌が、キャンプ・ハンセンでの県道104号越えの実弾砲撃演習に抗議するたたかいの中で作られた「喜瀬武原《きせんばる》」だ。作詞・作曲したのはシンガー・ソング・ライターの海勢頭《うみせど》豊《ゆたか》。沖縄戦から50周年を記念して作られた沖縄県民映画『GAMA　月桃《げっとう》の花』の主題歌「月桃」も海勢頭の作品だ（本書カバー折り返し参照）。

こうした沖縄のミュージシャンに共通しているのは、沖縄の伝統的な音楽の流れを汲《く》みつつ、そこに現代的な要素を注《つ》ぎ込んで、新しい音楽をつくりだそうとしていることだ。18世紀初頭、「劇聖」玉城朝薫《たまぐすくちょうくん》は、琉球舞踊、琉球音楽に、日本の能や歌舞伎を取り入れ、新たに総合舞台芸能「組踊」をつくりだした。いま沖縄は、その玉城朝薫時代いらいの“芸能復興”の時代を迎えているともいえる。伝統楽器の三線に加え、ベース、キーボードなどでアレンジして、“現代の朝薫”たちがつくりだす音楽は、いまや全国に多くのファンを生み出している。

最後に、付録を1つ。沖縄方言が3母音《ぼいん》だということは前に紹介したが、音楽では一般の7音階《おんかい》に対して、沖縄は5音階だ。レとラを抜いた、ドミファソシドである。試《ため》しに、ド・ミ・ファ・ソ・シ・ド／ド・シ・ソ・ファ・ミ・ド、と口ずさんでみるといい。あの何か懐かしいような沖縄の旋律が浮かんでくるだろう。

＊本稿の、とくに「三線《さんしん》」をめぐる叙述については、『新琉球史・近世編〈上〉』所収の池宮正治「三線繁盛記」、同「冠船芸能の変遷」を参考にさせていただいた。　（梅田 正己）

◇琉球・沖縄の歴史＝略年表

1187　伝説的英雄・舜天王が即位したと伝えられる（『中山世譜』）。
1260　伝説的英雄・英祖王が即位したと伝えられる（『中山世譜』）。
1372　**中山王・察度、明からの使節を迎え、初めて明に入貢**（『明実録』）。
1392　察度王、初めて留学生を中国へ送る。一方、中国・福建より技術者・知識人が渡来し始める（「閩人［びんじん］三十六姓」という）。
1404　中国からの冊封使、初めて来琉する。シャム船がやってきて交易。
1429　中山王の尚巴志、南山を滅ぼして全島を統一（**第一尚氏王朝**）。
1458　護佐丸・阿麻和利の乱。
1470　金丸（尚円王）即位、**第二尚氏王朝ひらく。**
1477　尚真王が即位。朝鮮人、八重山に漂着、送還されて見聞記を残す。
1500　尚真王、八重山のアカハチ・ホンガワラの反乱を征服.
1531　『おもろさうし』第１巻、編集される。
1579　首里城門に「守礼之邦」の額を掲げる。
1600　本土で関ケ原の戦い。1603 年、徳川家康、江戸幕府をひらく。
1605　野国総管、中国より甘薯の種を持ち帰る。これを儀間真常が普及。
1609　薩摩藩、琉球侵攻。翌年、藩主・島津家久、尚寧王を伴って江戸に上る。
1623　儀間真常、福建に人を派遣し、サトウキビ製糖法を学ばせる。
1650　向象賢（羽地朝秀）、『中山世鑑』を著述。
1734　蔡温、『農務帳』を公布。翌年、羽地川などの灌漑工事に当たる。
1844　フランス軍艦、那覇に入港、宣教師２人を残して去る。
1846　イギリス、宣教師ベッテルハイムを送り込む。
1853　**ペリー艦隊、来琉。翌年、琉米修好条約を結ぶ。**55 年に琉仏、59 年には琉蘭条約締結。
1867　徳川慶喜、大政奉還。翌 68 年、明治新政府成立（明治維新）。
1871　琉球（宮古）船、台湾に漂着、乗組員 54 名、原住民に殺害される。
1872　**政府、「琉球王国」を廃して「琉球藩」とする**（全国の廃藩置県は前年）。
1874　日本政府、台湾出兵。
1879　**琉球処分（「琉球藩」を廃して「沖縄県」とする）**
1880　中国との「分島問題」流れる。沖縄師範学校、小・中学校設立。
1882　最初の県費留学生（太田朝敷、謝花昇ら）上京。
1886　沖縄教育会設立。
1889　大日本帝国憲法、衆院議員選挙法公布。東京に沖縄青年会設立。
1891　謝花昇、沖縄県の技師となる。翌年、奈良原繁、知事に着任。
1893　『琉球新報』創刊。城間正安ら、国会に人頭税廃止を請願。
1894　日清戦争開戦。謝花昇、杣山開墾問題で知事と対立、職を追われる。

1895　中学校で、伊波普猷ら、教科から英語を外した校長排斥のストライキ。
1899　謝花昇ら、沖縄倶楽部結成、『沖縄時論』発行。第１回ハワイ移民。
1904　日露戦争開戦。愛国婦人会沖縄支部発会式。
1911　河上肇「舌禍事件」。伊波晋猷、『古琉球』（初版）を刊行。
1912　**沖縄で初の衆議院議員選挙**（ただし宮古・八重山は除外。定員２名）。
1914　第一次世界大戦勃発。那覇―与那原間に軽便鉄道開通。
1919　衆院議員選挙法、宮古・八重山にも施行、県の定員５名となる。
1926　広津和郎「さまよへる琉球人」問題起こる。沖縄青年同盟結成。
1929　教師、師範学校生徒らの社会科学研究会、特高警察により弾圧。
1930　台湾製糖嘉手納工場争議、農民側が勝利する。
1931　ＯＩＬ（沖縄教育労働者組合）結成、弾圧される。満洲事変。
1932　八重山の教育労働者組合、特高警察により弾圧。
1933　「沖縄県振興 15 年計画」に着手。
1937　盧溝橋事件より、日中全面戦争へ突入。
1941　12 月８日、日本、対米英奇襲攻撃、アジア太平洋戦争始まる。
1944　沖縄より九州、台湾へ疎開始まる。10 月 10 日、那覇を中心に大空襲。
1945　**３月 23 日、米軍、砲爆撃開始、慶良間諸島を制圧後、４月１日、沖縄本島上陸。６月 23 日、日本軍の組織的戦闘終わる。**９月７日、嘉手納飛行場で降伏調印。
1946　連合国軍最高司令官マッカーサー、南西諸島行政の日本からの分離を宣言。
1947　５月３日、日本国憲法施行、ただし沖縄、奄美、小笠原諸島は除外。
1950　朝鮮戦争勃発。警察予備隊結成（日本、再軍備へ）。沖縄社会大衆党結成。
1951　日本復帰期成会結成。９月、対日平和条約・日米安全保障条約調印。
1952　**４月 28 日、平和条約発効、日本、独立を回復、ただし沖縄他は除外。**
1953　米軍、基地拡張のため「土地収用令」を公布。武装米兵も出動。奄美諸島、日本に復帰。
1954　米民政府、軍用地代一括払いを発表。沖縄立法院、「土地を守る４原則」を可決。
1955　伊江島、伊佐浜で“銃剣とブルドーザー”による土地強制収用。
1956　プライス勧告発表。**“島ぐるみ闘争”爆発**。瀬長亀次郎、那覇市長に。
1957　米民政府、瀬長市長追放の布令を公布。高等弁務官制が始まる。
1958　沖縄の通貨を、Ｂ円（米軍の軍票）からドルに切り替える。
1959　石川市宮森小学校に米軍ジェット機墜落（死者 18)。沖縄自民党結成。

1960 **沖縄県祖国復帰協議会結成。日米安保条約改定、国会で自然承認。**
1963 北緯27度線で、本土・沖縄代表、初の海上交流
1965 読谷村で米軍機、トレーラーを民間地域に投下、少女圧死。B 52戦略爆撃機、嘉手納基地よりベトナムへ渡洋爆撃。
1967 教員の政治活動を禁じる「教公二法」阻止闘争。実質的に廃案となる。
1968 B 52、嘉手納基地に常駐化。**初の主席公選、屋良朝苗（革新）当選。** B 52、墜落爆発事故。「いのちを守る県民共闘会議」発足。
1969 いのちを守る県民総決起大会（2・4ゼネスト挫折）。全軍労、24時間スト。社会大衆党委員長ら4名、米兵の銃剣で負傷。
1970 米兵の女子高生刺傷事件発生。抗議行動燃え上がる。コザ反米騒動。
1971 **沖縄返還協定調印**。沖縄返還協定批准反対ゼネスト。
1972 5月15日、沖縄、日本へ復帰。最初の県知事選、屋良朝苗（革新）当選。B 52爆撃機103機、嘉手納に飛来。自衛隊、沖縄への配備開始。
1973 米海兵隊、実弾砲撃演習で県道104号を封鎖。沖縄特別国体開催。
1975 沖縄国際海洋博覧会開催。
1976 公用地法（基地の用地確保の法律）違憲訴訟支援県民共闘会議結成。
1977 公用地法期限切れ。“法的空白の4日間”現出。
1982 嘉手納基地周辺住民、爆音訴訟を提訴。運輸省、石垣島白保の“サンゴの海”に新空港建設を許可。一坪反戦地主運動始まる。
1983 「沖縄戦記録フィルム1フィート運動の会」結成。
1984 米陸軍特殊部隊（グリーンベレー）、沖縄に再配備（読谷村）。
1986 県教委、卒業式での日の丸をめぐる混乱を理由に教職員35名を処分。
1987 県収用委、軍用地の10年間強制使用を裁決。“人間の鎖”で嘉手納基地を包囲。海邦国体。読谷村・平和の森球場で日の丸焼却事件起こる。
1990 **米ソの冷戦終結**。4月、米国防総省、「東アジア戦略構想」発表。兵力削減を提示。自衛隊の対潜哨戒機P3C、那覇基地（那覇空港）に配備。県知事に大田昌秀（革新）当選。
1991 1月、**湾岸戦争**。沖縄より海兵隊を中心にイラクへ約1万人が出動。
1992 日米東京宣言、アメリカの「前方展開」戦略と、それへの日本政府の全面協力を確認。米国、恩納村の都市型戦闘訓練施設の撤去表明。首里城復元。
1993 「日の丸焼却事件」裁判で那覇地裁、知花昌一被告に懲役1年の判決。沖縄で全国植樹祭、天皇・皇后、初の沖縄訪問。
1994 F 15イーグル戦闘機、嘉手納弾薬庫に墜落、炎上。宝珠山防衛施設庁長官、「沖縄は基地と共生・共存を」と発言。大田知事、再選。

1995 **沖縄戦終結から50年、「平和の礎」完成。**9月4日、**米兵3人による少女暴行事件起こる。**10月21日、「少女暴行を糾弾し、地位協定見直しを要求する県民総決起大会」に8万5千人が結集。12月、村山首相、大田知事に対し「職務執行命令訴訟」を起こす。

1996 1月、沖縄県、2015年を最終目標とする「基地返還アクション・プログラム」を提示。4月12日、橋本首相・モンデール米駐日大使、普天間基地返還合意を発表。同日、「米軍人・軍属による事件被害者の会」結成。4月17日、橋本首相・クリントン米大統領、「日米安保共同宣言」を発表（「安保再定義」）。9月8日、全国初の県民投票。9月13日、大田知事、「公告縦覧」代行を応諾。12月、ＳＡＣＯ（沖縄に関する日米特別行動委員会）最終報告を発表。

1997 **1月、政府、普天間基地の移設先としてキャンプ・シュワブ沖の海上ヘリ基地建設を表明。**4月17日、米軍用地特措法改正（最後は首相の署名により強制収用が可能になる）。9月、日米両政府、新ガイドライン（日米防衛協力のための指針）を発表。12月21日、名護市民投票、反対が53％を占めるが、名護市長、基地建設受け入れを表明して辞任。

1998 2月6日、大田知事、海上基地建設反対を正式表明。8日、名護市長選、岸本建男・前助役、反対派候補を破って当選。11月15日、沖縄知事選。経済界の支援を受けた稲嶺恵一候補が大田知事の三選を阻止して当選。

1999 11月、稲嶺知事、キャンプ・シュワブ沖の海上基地建設について政府による再度の要請に対し、条件付きでの受け入れを表明。12月、岸本・名護市長、シュワブ沖海上基地建設受け入れを表明。

2000 4月1日、新平和祈念資料館オープン。7月、九州・沖縄サミット。名護市を会場に、Ｇ8による首脳会議開催。10月11日、国際自然保護連合（ＩＵＣＮ）が辺野古沖を中心とする海域に生息するジュゴンの保護を決議。

2002 9月27日、稲嶺知事、県議会で新基地については「15年使用期限」の解決なしに着工はないとの立場を改めて表明。11月、稲嶺知事、再選。

2003 1月、防衛庁、新基地建設のための環境影響評価（アセスメント）の作業を開始。11月、ラムズフェルド米国防長官、普天間基地を視察、その恐るべき危険性を指摘。

2004 4月13日、リニューアルされたひめゆり平和祈念資料館オープン。**4月19日早朝、那覇防衛施設局がボーリング地質調査のため辺野古に入るが、駆けつけた住民・市民に阻止される。以後、住民・市民の座り込みが続く。8月13日、普天間基地所属の大型ヘリＣＨ53Ｄが沖縄国際大学の本館に墜落、炎上。**8月22日・対馬丸記念館オープン。
2005　８月、「集団自決」をめぐる裁判始まる（大阪地裁）。９月、辺野古のボーリング調査のやぐら撤去、反対住民の勝利。
2006　５月、「米軍再編」で辺野古新基地の滑走路をＶ字型に２本造る案で日米合意。11月、県知事選で仲井真弘多が当選。
2007　３月、文科省、高校教科書の検定で「集団自決」について日本軍の「強制」を明示する記述は削除を指示。**７月、東村高江で米軍北部訓練場ヘリ（オスプレイ）パッド建設に反対する座り込み始まる。**９月、「教科書検定意見撤回を求める県民大会」に復帰後最大の11万６千人が参加。
2008　３月、「米兵によるあらゆる事件・事故に抗議する県民大会」開催。
2009　「普天間基地は国外、最低でも県外（移設）」を掲げた民主党を中心とする連立政権発足。
2010　１月、名護市長選で県内移設に反対する稲嶺進が当選。４月、「普天間基地の早期閉鎖・返還、国外・県外移設を求める県民大会」に９万人が参加。５月、鳩山首相、普天間「移設」先の辺野古回帰を表明、辞任。11月、県知事選で「県内移設容認」から「県外」へ政策転換した仲井真弘多が再選。
2011　12月、田中沖縄防衛局長、辺野古アセス評価書の提出時期を記者に問われて「犯す前に犯すと言いますか？」と発言、県民の怒りが沸騰。同月、辺野古アセス評価書の搬入阻止で市民が県庁包囲、沖縄防衛局は28日未明、評価書を警備室に投げ入れ「搬入」。
2012　１月、「アメリカに米軍基地に苦しむ沖縄の声を届ける会」訪米団がワシントンで要請行動。３月、県が第32軍司令部壕の説明板から「住民虐殺」「慰安婦」の文言を削除して問題化。９月、「オスプレイ配備に反対する県民大会」に10万６千人が参加。同月末、**オスプレイ強行配備に抗議して市民が普天間基地のゲートに座り込み、４日間、基地を封鎖。10月、オスプレイ12機が普天間に飛来。**12月、総選挙で自民党が圧勝して政権を奪還。第二次安倍内閣発足。
2013　４月28日、政府による「４・28主権回復を祝う式典」に対抗して、「４・28政府式典に抗議する『屈辱の日』沖縄大会」を開く。１万人参加。８月５日、キャンプ・ハンセン内で米軍ヘリＨＨ60が墜落。第一発見者は住民だったが、米軍は宜野座村の立ち入り調査を拒否。８月、オスプレイ、普天間飛行場に追加配備、計24機となる。12月27日、仲井真知事が辺野古埋め立てを承認。
2014　１月19日、稲嶺名護市長再選。８月、沖縄防衛局が海底ボーリング調査再開。11月16日、県知事選で翁長雄志が当選。12月14日、衆院選沖縄選挙区の全４区で新基地建設に反対する候補者が勝利。
2015　10月13日、翁長知事、前知事の辺野古埋め立て承認を取り消し。

◆——編集者あとがき

高文研では、沖縄大学と提携して、1981年から90年まで、沖縄戦の戦跡と基地をたずねるフィールドワーク「沖縄セミナー」を共催しました（第1、2回は教育セミナー）。そこには沖縄修学旅行を計画している私立高校の先生たちも下見調査をかねて参加してくれました。公立高校では、当時はまだ修学旅行での航空機の利用が認められず、沖縄への修学旅行は私立高校が中心でした。

ところが1992年、東京都立高校で航空機の使用が認められます。以後、他の地域でも次々と航空機が認められ、沖縄へ行く学校が増えていきました。そこで高文研では、93年、先生たちの下見調査のために「沖縄〈戦跡・基地〉ツアー」を再開しました（このツアーは2009年まで高文研が、以後は「沖縄平和ネットワーク」が主催）。

この間、高文研では生徒の皆さんの事前学習のために1992年に『沖縄修学旅行』を製作し、発行しました。

それから20年がたちました。その間に沖縄をめぐる状況は激しく動き、本書は第2版、3版と改訂を重ねましたが、近年、沖縄の状況はこれまでとは異質の動きを見せています。そこでⅡ章「基地の島・沖縄」とⅣ章「琉球・沖縄の歴史」は全面的に改訂し、【新版】を出版することにしたのでした。この『新・沖縄修学旅行』です。

掲載写真は沖縄観光コンベンションビューローにご協力いただいたほか、沖縄県平和祈念資料館、沖縄県立博物館・美術館、沖縄国際平和研究所、そして個人の皆さんにお力添えをいただきました。深く感謝申し上げます。

（高文研編集部・山本 邦彦）

◉執筆者＝紹介◉

梅田 正己（うめだ　まさき）
1936年、佐賀県に生まれる。高文研前代表。1981年から沖縄大学との共催で、平和学習としての沖縄修学旅行の道筋をつける「沖縄セミナー」を実施(93年からは高文研単独)。50冊を超える沖縄関連書を企画・編集・出版。著書『この国のゆくえ』（岩波ジュニア新書）『これだけは知っておきたい近代日本の戦争』『若い市民のためのパンセ』（共に高文研）など。

松元　剛（まつもと　つよし）
1965年、沖縄県に生まれる。琉球新報社編集局次長兼報道本部長。政経部記者、編集委員として普天間飛行場問題、日米地位協定改定キャンペーン、米軍再編など計9年間基地報道にたずさわる。共著書『第4版　観光コースでない沖縄』『検証地位協定　日米不平等の源流』（ともに高文研）『軍事基地と闘う住民たち』（NHK出版）など。

目崎 茂和（めざき　しげかず）
1945年、新潟県で生まれ、東京で育つ。三重大学名誉教授、WWFジャパン評議員。東京教育大学大学院で地理学を専攻後、琉球大学、三重大学、南山大学で教壇に立ち、沖縄をはじめ世界各地のサンゴ礁を調査する。著書に『暖かい地域のくらし』（旺文社）共著書『琉球の風水土』（築地書館）『修学旅行のための沖縄案内』（高文研）など。

新・沖縄修学旅行

●2013年11月1日――――――第1刷発行
●2017年12月31日――――――第6刷発行

著　者／梅田 正己・松元　剛・目崎 茂和
発行所／株式会社 高文研
東京都千代田区猿楽町2－1－8　〒101-0064
TEL 03-3295-3415　振替 00160-6-18956
http://www.koubunken.co.jp
印刷・製本／三省堂印刷株式会社

ISBN978-4-87498-529-8　C0036

沖縄(本)島略図
伊江村
伊江島
水納島
瀬底島
東シナ海
万座毛
残波岬
恩納村
金武町
読谷村
(石川市)
金武湾
嘉手納町
沖縄市
うるま市
(具志川市)
北谷町
宜野湾市
(与那城町)
(勝連町)
那覇市
普天間飛行場
浦添市
北中城村
平安座島
浜比嘉島
那覇空港
首里
西原町
中城村
中城湾
原町
南風
豊見城市
与那原町
津堅島
(東風平町)
(佐敷町)
(知念村)
糸満市
(玉城村)
(具志頭村)
南城市
久高島
喜屋武岬
荒崎
摩文仁
八重瀬町

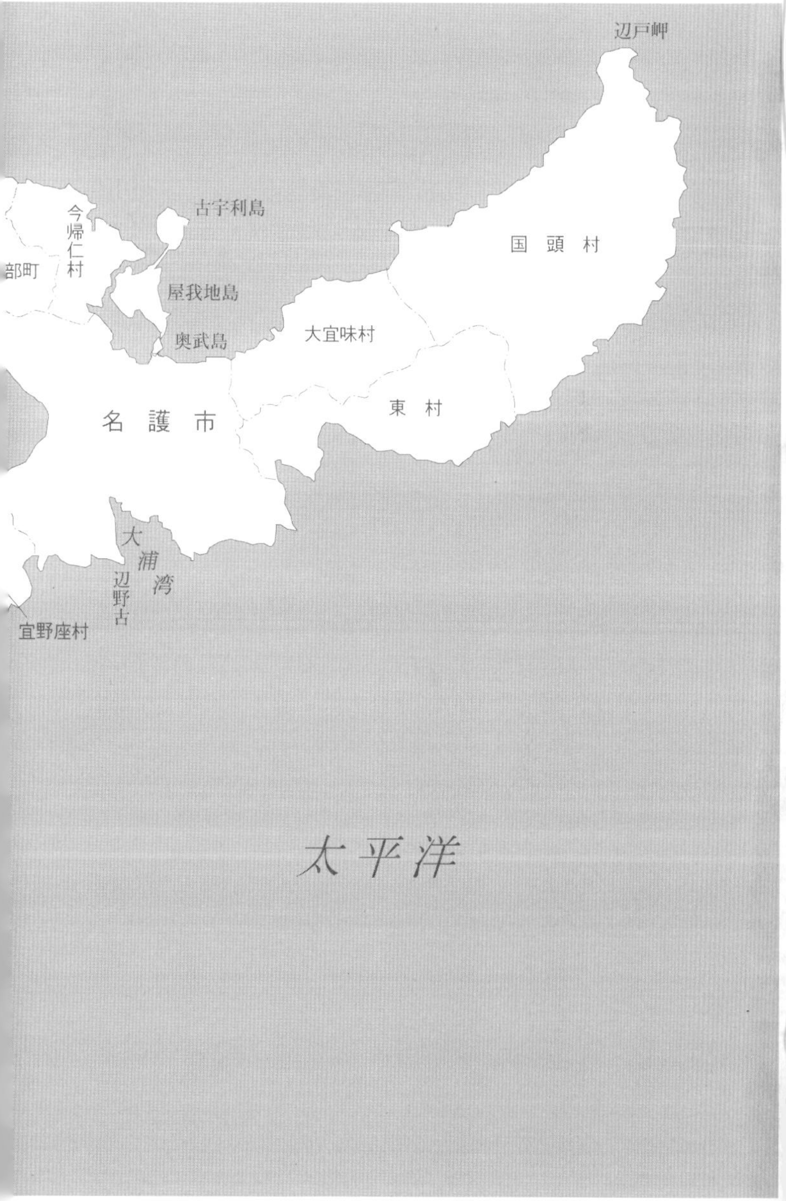

辺戸岬
古宇利島
国頭村
今帰仁村
部町
屋我地島
奥武島
大宜味村
東村
名護市
大浦湾
辺野古
宜野座村
太平洋